明代军戎服饰图鉴

易弘扬　著

台海出版社

图书在版编目（CIP）数据

明代军戎服饰图鉴 / 易弘扬著 . -- 北京 ： 台海出版社， 2025. 6. -- ISBN 978-7-5168-4230-0

Ⅰ . E267-64

中国国家版本馆 CIP 数据核字第 2025BN4525 号

明代军戎服饰图鉴

著　　者：易弘扬

责任编辑：戴　晨
装帧设计：杨静思　　策划编辑：郭丽娅

出版发行：台海出版社
地　　址：北京市东城区景山东街 20 号　　邮政编码：100009
电　　话：010－64041652（发行，邮购）
传　　真：010－84045799（总编室）
网　　址：www.taimeng.org.cn/thcbs/default.htm
E－mail：thcbs@126.com

经　　销：全国各地新华书店
印　　刷：重庆长虹印务有限公司
本书如有破损、缺页、装订错误，请与本社联系调换

开　　本：787毫米×1092毫米　　1/16
字　　数：196千　　印　　张：15
版　　次：2025年6月第1版　　印　　次：2025年6月第1次印刷
书　　号：ISBN 978-7-5168-4230-0

定　　价：99.80元

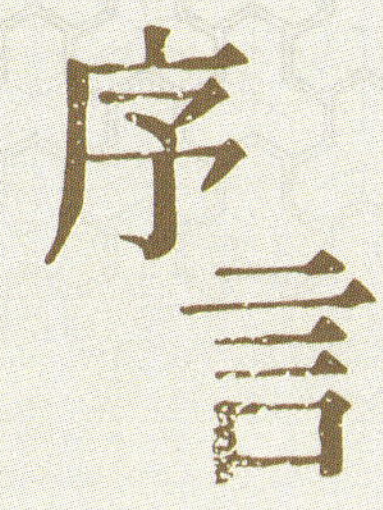

序言

以甲衣经纬织日月山河

大明，这个冷热兵器交替的变革时期，火器迅猛发展意味着冷兵器必然没落，因冷兵器而生的铠甲，注定有一天会在火器面前变得不堪一击。所幸，那时候的火器还没有那么生猛，甲胄还有用武之地，所以《明会典》罗列的铠甲种类依然丰富，我们能看到齐腰甲、曳撒甲、圆领甲、柳叶甲、长身甲、鱼鳞甲等，材质上类型上铁札甲、布面甲、锁子甲、纸甲应有尽有。

当然，明代甲胄从来不只是战场上的铁衣。无论是典籍《大明会典》《纪效新书》中看到的零散的军服规制，还是《出警入跸图》《平番得胜图》《倭寇图卷》等传世名画，都为后世研究明代军戎服饰提供了大量资料。易弘扬先生所著《明代军戎服饰图鉴》，恰似一柄剖开历史冻土的考古铲，以甲胄为经纬，织就一幅融合器物考据、制度剖析与技术解码的宏大叙事。

与服饰一样，甲胄戎服也有等级规制，但遗憾的是，相关的资料远远低于戎服，只能依靠考古资料推断。目前明代唯一的实物皇帝甲胄，是出土于定陵的明神宗陪葬甲，此甲形制非常简单，主甲如同一件背心，前胸两块护心镜，后背为一块，前身的身甲是由左右两边对称的单块甲组成的对襟，尽管出现于晚明，但形制与秦汉以来的札甲一脉相承。不过，明神宗的头盔很有明代特色，此类盔在《明会典》中有记载，为兵仗局所造的“金护法顶香草压缝六瓣明铁盔”，胄上缀有金饰，前沿镶有数十粒小珍珠，正前方嵌有一座真武大帝像。

如果据此便认为明朝皇帝的甲胄都很朴素，那就大错特错了。明神宗也有精美的铠甲。在《出警图》中，明神宗头戴抹金凤翅盔、身披鱼鳞叶罩甲，缀有金饰的头盔正中嵌有一尊真武大帝坐像，盔顶带有盔旗，甲胄左右两侧饰有升龙，双肩皆饰有金龙纹。从外形上看，这套甲明显比定陵的陪葬甲要精致许多。明神宗的这套华丽甲胄在《明会典》中并无记载，从外观来看是仪仗甲而非实战甲。关于明代高级铠甲的这些谜团，也能在《明代军戎服饰图鉴》一书中找到详细解读。

过去的研究中，我们常将服饰与铠甲分开，也正是这一分往往让重要纽带——戎服，受到两头忽略。而这本《明代军戎服饰图鉴》里，易兄以服饰为解剖刀，切入明代军事制度的肌理深处。将考察角度从南直隶到九边重镇，将各地军服进行对比研究，探寻军戎服饰供应体系背后的问题，不仅是地理气候的适应性选择，更是“强干弱枝”国策的物质投射。书中对“胖袄”的考证的尤为精妙：这种内絮棉花的红色战袄，在冬季可御寒，夏日拆出棉絮即成轻甲，其设计逻辑恰与卫所军“三分戍守，七分屯田”的生存状态形成镜像。

明代“纸甲”一直是众多武备爱好者非常感兴趣的冷门种类。明人朱国祯在《涌幢小品》描述纸甲制作过程为“纸甲，以无性极柔之纸，加工锤软，叠厚三寸，方寸四钉。如遇水雨浸湿，铳箭难透”。但因缺乏实物资料，今人对纸甲的制作工艺、防御效果众说纷纭。在本书里，易兄以令人信服的物证链，尽力去还原出当时的技术生态，如浙闽丘陵的楮树资源催生纸甲作坊，而潮湿气候使得铁甲易锈的缺陷，反令轻便防潮的纸甲成为南军的“无形盾牌”。这种将自然地理、资源分布与战术需求结合的跨学科视角，让沉默的甲胄开口讲述了更宏大的军事经济史。

掩卷之际，耳边似有甲片铿锵作响。从应天府武库的匠作档案到萨尔浒战场的残甲遗镞，从丝绸之路上往来的锁子甲到深宫府库蒙尘的仪仗金盔，易兄以数载寒暑踏访、考证之功，将散落于时光尘埃中的甲胄碎片重新缀合成镜。这面铜镜既映照出大明王朝卫所制度的兴衰密码，也折射着冷兵器时代最后的科技光芒。当现代目光穿透这些古老甲衣的经纬，看到的不仅是钢铁与丝线的交织，更是一个民族在攻守之道、华夷之辨、匠艺之思中的永恒求索。此书之于明代军事文化研究，恰似一领精心复原的明代大汉将军铠——既有学术的严谨铆接，亦不失人文的温度肌理。

周渝

前言

“中国有礼仪之大，故称夏；有服章之美，谓之华。”服饰，是中国传统文化的重要组成部分，也是中国古代重要的物质文化特征。早在春秋时期，服饰就已被认定为区分不同族群的重要标志，并且被纳入礼制的范畴在后世不断强化。作为最后一个由汉人建立且主导的王朝，明代的丝绸织绣水平到达了一个很高的水平，在中国服饰史上有着极高的成就，可以说是服饰发展集大成的一个时代。

进入二十一世纪，随着“汉服热”和“传统文化热”的逐渐兴起，越来越多的历史学者、服饰学者以及古代服饰爱好者加入传统服饰的研究和文化普及的行列中。由于明代出土与传世的服饰实物较为丰富，相关文献资料也较为完整，明制服饰成了很受欢迎的一个门类，并且近些年的相关研究和复原也取得了丰硕的成果。今日，在诸如故宫、太庙等文化遗产景区，经常可见身穿各类明制汉服的游客。而作为传统服饰的一个细分分支——军戎服饰，包括明代的军戎服饰，相关的研究也在悄然发展。

军事是古代政治和外交的重要组成部分和延伸，在一个政权中有着举足轻重的地位，正如《左传》所说，“国之大事，在祀与戎”，这一点时至今日也没有发生改变。传统的军戎服饰可以简单分成两大类：戎服和甲胄。戎服是古代军人的便服，而武官则还有官服；甲胄是军人用于作战或是礼仪场合的防护性装备。同一般的传统服饰一样，军戎服饰具有明显的时代特征，反映了一个时代和统治阶层的审美。同时，军戎服饰又有一般传统服饰所不具有的特点：随着战争形势和兵器的发展而变化，会及时去适应新战争形态的需求。具体到明代，形制上，军戎服饰继承了汉人传统军戎服饰的特点，继承了前朝宋朝乃至唐朝、五代时期的特点；另一方面，明代的军戎服饰又大量吸收了前朝元朝军戎服饰的特点，比如明代铁盔对元朝铁盔形制的继承。功能上，随着本土火器的进一步发展，以及西方更为先进火器的引进，东方世界的战争形态也逐渐由传统的冷兵器战争演变成冷热兵器混用的战争。为应对日益普及且威力愈发强大的热兵器，明代的军戎服饰也逐渐由札甲一类的明甲向布面甲一类的暗甲转变，这一点对之后清代的军戎服饰也产生了深远的影响。

明代军戎服饰的相关研究早在二十世纪初便已开始，中国古兵器研究的先驱周纬先生曾在其著作《中国兵器史稿》的《明代防御武器》一节中对明代部分军戎服饰的形制和特点进行了介绍。中华人民共和国成立之后，著名作家、历史文物研究者沈从文先生在其著作《中国古代服饰研究》中的明代部分也对诸如罩甲等军戎服饰做了研究。这之后又有周锡保老师的专著《中国古代服饰史》，这部专著中的明代服饰部分第四节专门论述了军戎服饰；此外杨泓老师的《中国古兵器论丛》也有专门论述甲胄的部分。二十世纪九十年代初，刘永华老师的《中国古代军戎服饰》算是第一次比较系统地、专门地对军戎服饰这一服饰细分门类进行研究和介绍的书籍。进入二十一世纪，出现了越来越多专门聚焦军戎服饰的专著，其中比较有代表性的包括：白荣金、钟少异老师所著的《甲胄复原》；陈大威老师的《画说中国历代甲胄》和周渝老师的《中国甲胄史图鉴》等。这些专著从考古、文献以及图像等不同的角度对中国历朝历代的军戎服饰或是进行实物复原，或是图像复原，又或是文字介绍。除了相关文献专著的增多，新世纪在民间，尤其是近十年，涌现出了一批专注于军戎服饰实物复原的“能工巧匠”，这是军戎服饰研究的一个大的变化：从单纯书本上的理论向实践转移。其中比较有代表性的组织或个人有：寒光甲胄工作室、函人堂、温陈华老师等。这些组织或个人复原的各类军戎服饰无论形制还是做工都十分考究，基本还原了历史上军戎服饰的原貌。

我和军戎服饰的初次接触要追溯到孩童时代，偶然的一次机会，我在亲戚家翻到了一套上海人民美术出版社 1957 年版的《三国演义》连环画。虽然剧情看得不是很懂，但是图画里极富视觉冲击力和美感的凤翅盔、束发冠、山纹甲等军戎服饰还是给幼年的我留下了很深的印象。当然，直至近些年开始关注军戎服饰背后的真相，我才知道在真实的历史里，这些凤翅盔、束发冠是不可能出现在三国时期的。

我再次对军戎服饰燃起兴趣则要到刚参加工作，在接触到英国军史类出版社鱼鹰社

（Osprey Publishing）的系列作品之后。虽然鱼鹰社的书国内翻译引进的很少，啃英语原文也较为吃力，但书中大量丰富、美观的手绘复原无疑在当时乃至现在都是很少见的。遗憾的是，等我看到鱼鹰社中国军史的相关系列，虽然图绘依旧保持相当高的水准，但在考据和复原性上，鱼鹰社这套作品和真相就相去甚远了。那个时候我就在想，如果有一套中文的、能用画图的方式较为准确还原中国军戎服饰的图书就好了。

三年前，在完成一系列积累的工作之后——既包括文献资料的积累，也包括绘画技能的磨炼——我终于开始动笔写这本小书。个人而言，本科和硕士阶段所学的贸易专业和英语专业，与历史和传统服饰自然毫不搭界；绘画也只是一项业余爱好，从来没有专门学习过，自然在本书的撰写和绘制过程中会出现这样那样的问题、讹误和疏漏，这本小书只是我作为一个军戎服饰业余爱好者在前人成果基础上的一个小总结，我所绘制的各类服饰和人物、场景都是一种推测，而非十分严谨的考古复原，不足之处还请各位专家、前辈不吝赐教！

最后，我想感谢在本书出版过程中辛勤付出的各位老师：感谢策划编辑郭丽娅老师在本书策划过程中严谨、细致、耐心的工作和沟通；感谢三位美术编辑杨静思老师、但佳莉老师、戴宗良老师出色的排版工作，以及对我所绘图片细心地修改和完善，是他们三位老师让我的图绘得到了升华。

易弘扬

目录

第一章 布甲

牙旗闪闪军门开，紫茸罩甲如云排。

第二章 札甲

山川搜伏虏，铠甲被重犀。

第二章

札甲

第三章

锁子甲

奚骑黄铜连锁甲，罗旗香干金画叶。

目录

第四章 其他军戎服饰

鱼鳞耀铠甲，猩血粲旂缨。

第一章

布甲

牙旗闪闪军门开，紫茸罩甲如云排。

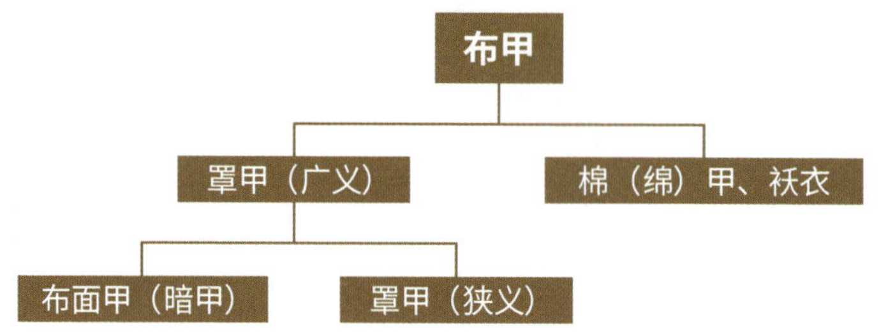

在明代众多军戎服饰中，可能数量最多、普及最广的就是布甲了。虽然明代史籍中记载过“紫花布甲”，也有“放铳者亦用布甲护蔽下身”的记载，[1]但事实上并没有以“布甲”来归类统称某一种甲衣的说法，这里只是笔者以布甲定义所有以布帛为主要材质的军戎服饰。古人穿布甲作战的历史很久远，在没有皮制、铁制铠甲护身的时候，一件简单加厚的布衣就可以作为最基础的防身护具，但真正将布甲发展到顶峰的，还是在明代[2]。

渊源

作为我国古代铠甲发展历史中最后一代铠甲，明代布甲中最主要、最知名的当属布面甲，在明、清史籍文献中似乎并没有布面甲这一称呼，文献中对应的名称为“暗甲”“罩甲”“棉甲”或“绵甲”。而有泡钉无甲片，或者无泡钉无甲片的布甲，在文献中前者也一般被称作罩甲，后者也一般被称作棉甲、绵甲或者辑甲。布面甲这个名称应当是现代古军服爱好者发明的，用以对元、明、清时期以布帛为材质、内钉甲片的一类甲衣的统称，由于这一称呼使用时间较久、接受范围也比较广，故笔者沿用这一称呼。

事实上在明代以前，布甲于元代就比较大规模地开始使用。《大元圣政国朝典章新集》有记载：“各卫年例，上都等处住夏军人，除各该鞍马，上、中户另行置货外，下户相合置备车牛，其应般本奕衣甲、胖袄、枪刀、弓箭、军需等物，已及满载负重，尽力刚行。”元代布甲形象可以参考的图像资料，有我们近邻日本人绘制的《蒙古袭来绘词》，该幅画作中描绘了不少身穿布甲的元军形象，一定程度上佐证了布甲在元代的普及。

▲《蒙古袭来绘词》中身穿布甲的元军，日本宫内厅三之丸尚藏馆藏

从《蒙古袭来绘词》绘制的内容看，元代的布甲甲衣似乎表面没有泡钉，有泡钉的一人据考也可能是江户时期加绘上去的，且内里是否衬有甲片也不得而知。

布甲实物方面，日本福冈元寇纪念馆藏有一领博物馆自称“元代”的布甲和兜鍪；我国首都博物馆也曾借展一件白兰王的“元代”甲衣和胄。不过这两件藏品的断代存在较大争议，从其形制特点上，一般认为两件藏品属于明末或清代，而并非元代产物，因此其作为元代布甲的参考意义不大。尽管如此，俄罗斯的考古学家还是出土过十二、十三，甚至十三到十四世纪疑似蒙古人布甲的内衬甲片。

▶蒙古布甲，不过从形制上看很有可能为明末或清代甲，日本福冈元寇纪念馆藏

◀▼ 萨迦寺藏、北京首都博物馆展的白兰王甲胄，应当也不是元代的产物，笔者摄

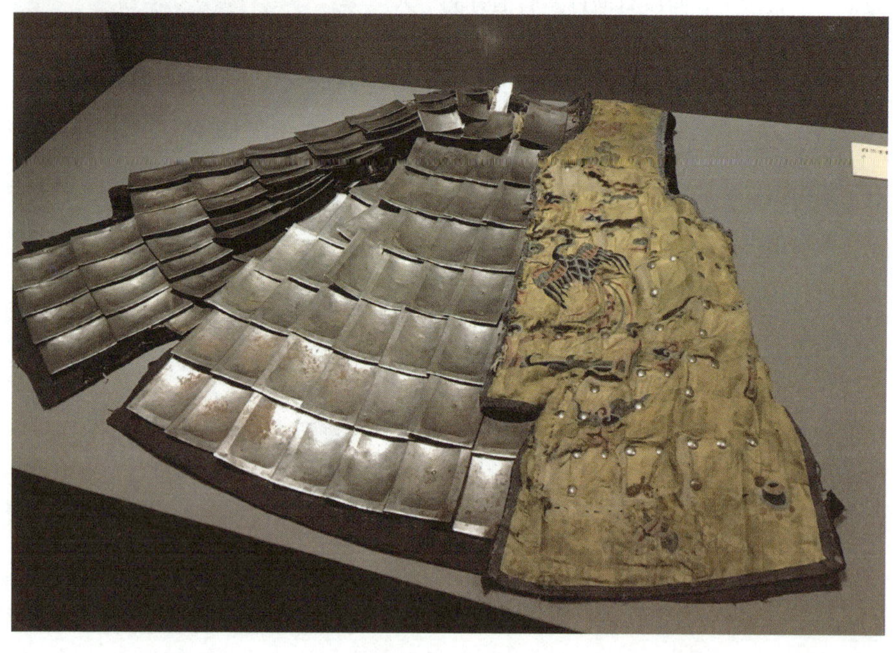

材质

如前文所述，布甲的主要原材料是布帛。作为重要的经济作物，棉花自传入中国，首先在华南地区种植，而后逐渐北传。宋末元初，黄道婆对纺车进行了改造，棉纺业逐渐变得成熟。进入明代，棉花种植规模的扩大使其成为首屈一指的大众化衣被原料。

> **小贴士**
>
> 十六世纪末、十七世纪初来华的著名传教士利玛窦，在其著作《利玛窦札记》中称赞中国棉花的种植“因为土地肥沃，生长得很好，以致中国可以生长的棉花足够供应全世界”[3]。虽然这一记述难免有些夸张而失实，但也从侧面印证了明代棉花种植之广、产量之大。

棉花产量的提高催生了明代棉纺织业的迅速发展，《天工开物》记载：“凡棉布寸土皆有”“织机十室必有。”[4]另一种布帛主要原材料苎麻同样“无土不生”，相较于更适合御寒的棉服，苎麻纺织而成的布衣更适合夏季穿着。总之，衣被原料的大范围种植和普及为布甲在明代的大面积推广提供了可能。

▲《天工开物》纺织图版，明崇祯十年涂绍煃刊本

◀蔚县真武庙复制的明代古城寺壁画，身穿布甲的兵士，笔者摄

（一）罩甲（广义）

布面甲（暗甲）

明代史籍文献中对布面甲的称呼一般为暗甲，属于广义罩甲的一个大分支。根据领口的形状和甲衣的长度，有的文献也称之为圆领甲、方领甲或齐腰甲，如《明会典》所记载的“紫花布火漆丁钉圆领甲”“青纻丝火漆丁钉齐腰甲”。当然，圆领甲、方领甲、齐腰甲并非根据甲衣材质进行的分类，因而它们并非布面甲独有，其他甲衣类型也可以使用这种名称。

特征

明代布面甲显著的特点在于：一、无袖，一般前开襟。目前所能看到的明代绘画、文献图版中，明代的布面甲几乎都没有袖子，几乎都是前开襟，但也有

◀ 明代《太乙集成》中身穿布面甲或无甲片罩甲的士兵，台北故宫博物院藏

▲《出警入跸图》中身穿布面甲或无甲片罩甲的皇家仪卫，台北故宫博物院藏

例外，后文会加以叙述；臂部如果想要添加防护，往往会采用佩戴臂缚的方式。二、甲衣表面钉泡钉。甲衣上钉泡钉是为了固定住布帛下方的甲片。结合明清以及朝鲜半岛布面甲实物，泡钉铆接甲片的方式目前来看主要以“口”字形、菱形为主，一字排开的形式也有，但不是太多。在清代，仪式性的布甲虽然表面有泡钉，但布帛下并没有甲片，因而笔者推断，在明代一些不用于实战的仪卫用布甲，或者一些非前线的驻防兵士，出于舒适和便利的考虑，可能也不内钉甲片，仅仅是在表面钉有泡钉，以固定棉布。三、内衬甲片。明代实战型的布面甲都内衬甲片。明代布面甲内衬甲片的形式有两种，一种夹在两层布面中间，一种直接缀在布面之下。

形制

明代不同的地域，布面甲的形制不尽相同。中国国家博物馆藏《平番得胜图》中明代边军身穿长及膝盖，甚至在膝盖以下的布面甲。而明人画作《倭寇图卷》

中，明代南方军队只穿较短的布面甲，后者的防御面积自然不及前者。这可能同明廷对南、北方军队重视程度的不同有关：常年面对来自北方游牧民族袭扰压力的北方边军，是明代国家军事资源倾斜的主要对象，自然也能获得防御性能更好的装备。相比之下，大多数时间并非战争一线的南方地区，日常的驻防也可能并不需要成本更高昂的长款布面甲。另一方面，南方潮湿闷热，短款齐腰式布面甲穿着更为轻便、凉爽，而更加寒冷的北方需要遮体的长款布面甲御寒。当然，这些都并非绝对的，还是要根据具体情况和实际需求而定，北方不一定任何时间都穿长款布面甲，南方也不一定都不穿长款布面甲。

明人何汝宾的《兵录》中收录了明代南方长款布面甲的图版：“南方用绵布旧絮夹中，里外纳作袄形，其袖左短右长。其样各异，有锁子甲、柳叶甲、寸叶甲、方片甲，各穿锭不同，

▲仇英《水浒人物图》中的圆领罩甲

▼《兵录》中绘制的布面甲及其他种类甲衣图版，明崇祯五年刊本

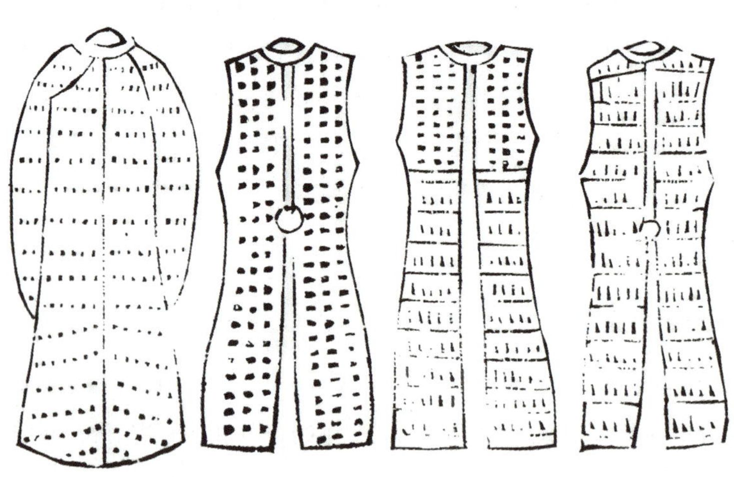

又有皮甲。”[5]《兵录》中特别强调了这种“绵布旧絮夹中”是南方使用的布面甲形制，从该书收录的甲衣图版看，其绘制的布面甲有《平番得胜图》中长及膝盖以下的样式，这就是前文所说的，南方军队并非没有使用长款布面甲的情形。值得注意的是，《兵录》的这幅图版中，最左边绘制了一件长袖布面甲，何汝宾称这种布面甲袖子“左短右长”，这是明代比较少见的带袖的布面甲。

颜色

有关布面甲的颜色，《明史》记载：“武事尚威烈，故色纯用赤。”[6]史籍文献中明确记载的有紫花布做成的紫花布甲，紫花布用紫木棉织成，颜色近似赭黄色，

▲《出像杨文广征蛮传》身穿布面甲军士图版，明彩绘本

但相对浅淡一些；《明会典》又记载了一种青布铁甲，使用的青白色的棉布。另外，《明英宗实录》中也提到过一种“青油铁甲”“青布响甲”，这二者应当也是使用青白色棉布的布面甲。[7]青布铁甲在明代史籍文献中又简称为“青甲”：“陕西行都司奏军器损坏，拟造铁盔、青甲万副。”[8]而当时北方边境的游牧民族亦会穿戴和明军形制很相似的青甲。[9]明代绘画和古籍图版中提供的布面甲颜色信息要多一些，也直观很多。比如《倭寇图卷》《平番得胜图》中

▼▶《古今列女传》身穿布面甲军士图版，明内府彩绘本

▲《御制外戚事鉴》图版中身穿布面甲的军士，明宣德时期绘本，东洋文库藏

的布面甲以红色、黄褐色居多，青色也有；《祁岳事迹图》中的布面甲以黄色为主；《出警入跸图》中则以红色和青蓝色为主，这些绘画中描绘的颜色也部分与史籍文献中的记载相对应。除了明代画卷，明代的一些彩色绘本中也有布面甲的身影，比如《出像杨文广征蛮传》《古今列女传》《御制外戚事鉴》等，这些彩色绘本中的布面甲颜色也是一种比较重要的参考，同样基本以红色、黄色、青色为主。

材质

明代布面甲制作上，用布帛作表里，里面充填棉花，棉服内会衬上甲片，布帛上会钉有泡钉以固定这些甲片。如前文所述，如果是仪卫用布甲或是非前线普通驻防部队，可能会穿仅钉有泡钉而不内衬甲片的布甲。尽管不内衬甲片，甲衣表面的泡钉有加固布帛内多层棉花的作用。此外，根据进一步的防御需要，还会

▲明代布面甲内部甲叶结构，杭州刀剑剪博物馆藏，皇甫江私人藏品，笔者根据《明代布甲制作工艺及复原研究——以杭州工艺美术博物馆展明布甲为例》照片绘制

添加两臂、头部的防具。从《倭寇图卷》绘制的图像上看，士兵所穿布甲基本有泡钉，考虑到实战防护的需求，应当属于内衬甲片一类。《明会典》载：“弘治九年（1496）令甲面用厚密青白绵布，钉甲用火漆小丁。又定青布铁甲每副用铁四十斤八两，造甲每副重二十四斤至二十五斤。”[10]这里提到了青布铁甲所需铁原料的多寡，以及一副甲衣的重量。可以看出，在铠甲中布面甲虽然算不上特别重，但也不算轻了。

布面甲内衬甲片所用材质，《工部厂库须知》提供了一些线索。该书记载了“紫花布甲”的修理记录，修理二万副紫花布甲所需材质就包括“废铁二万二千五百斤”和“熟健铁四万五千斤”。[11]这里的废铁和熟健铁应当是衬在布面甲下方铁甲片以及上方泡钉所用的材质。其中废铁应当包括报废的各类兵器：“（嘉靖）二十九年（1550），题准各处岁解斩马刀折造盔甲。”[12]嘉靖年间，就曾报废斩马刀来制作

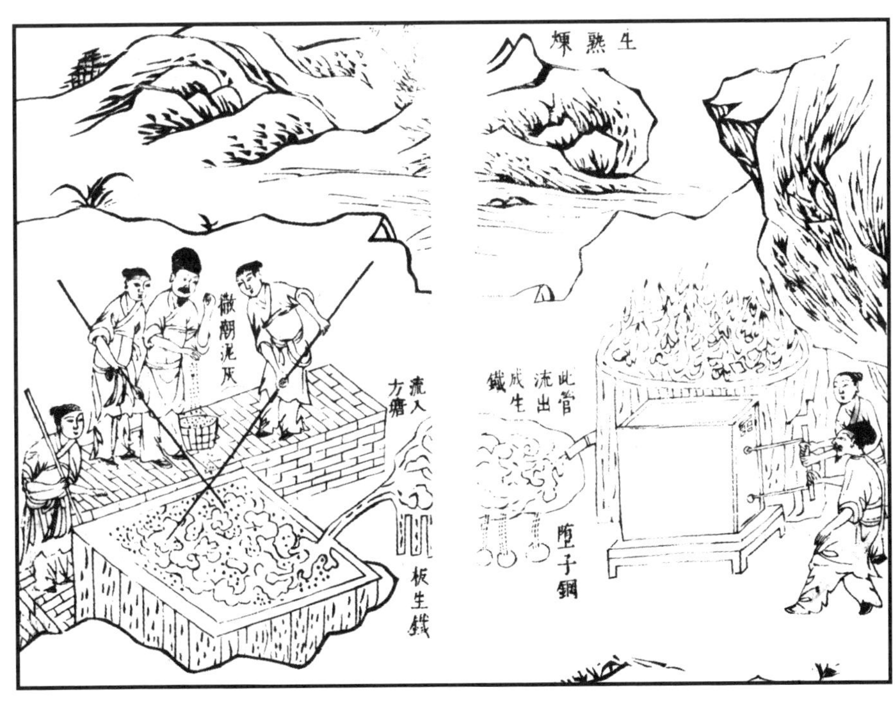

▲《天工开物》炼铁图版，明崇祯十年涂绍煃刊本

▲《天工开物》炼铁图版，明崇祯十年涂绍煃刊本

盔甲。而熟健铁，又称为“健铁”“健钢”。《武备志》记载：“铁有生铁，有熟铁；钢有生钢，有熟钢。”“熟铁多粪滓，入火则化，如豆渣，不流走。”“今人用以造刀、铳、器皿之类是也。”“生钢出处州，其性脆，拙工炼之为难。”“熟钢无出处，以生铁合熟铁炼成。或以熟铁片夹广铁，锅涂泥入火而团之；或以生铁与熟铁并铸，待其极熟，生铁欲流，则以生铁于熟铁上，擦而入之。”[13]《天工开物》记载：“凡熟铁、钢铁已经炉锤，水火未济，其质未坚。乘其出火时，入清水淬之，名曰健钢、健铁。言乎未健之时，为钢为铁，弱性犹存也。”[14]熟铁即含碳量在 0.5% 以下而含有其他杂质和渣滓的“铁碳合金”。熟铁比生铁和钢软得多，有延展性，烧红后可以锻打成各种器物。[15]而明代晚期一般所谓“生钢”，实质是一种优质生铁，是炒炼成熟铁或钢的好原料，也是炼制灌钢的好原料。前文《武备志》中所提到的处州生钢，应当是一种含有较多粗大夹杂物的生钢，需要能工巧匠掌握适当的火

候加以锻打才能成为优质熟铁或钢材。[16] 在明代，用生铁炒炼成熟铁或钢还比较费时费力，炼成三斤优质的低碳钢需要五人劳动一天。同时铁的折耗也很大，十斤生铁只能炼成三斤优质的低碳钢。[17] 除了处州，明代冶铁中心遵化也是布面甲所需的铁的重要来源地，明神宗时期仅制甲所需，一次曾出铁二十六万斤。[18]

除了此种锻造方法，有的甲叶也会采用冷锻工艺，如马文升在《为成造坚利甲兵以防虏患事疏》中提到，以冷锻工艺锻造青甲甲叶，这样锻造的青甲重十八斤，比一般的青甲要轻，同时又保证了坚固性。[19] 宋应星在《天工开物》中也提到了明代冷锻工艺，不过这种工艺是用来造锯，但可在一定程度上作为此种工艺的参考："凡锯，熟铁锻成薄条，不钢，亦不淬健。出火退烧后，频加冷锤坚性，用锉开齿。"[20] 即在锻造中不掺杂钢也不需要淬火，把打造锯子的薄条烧红取出来之后，再不断进行敲打，使它变得坚韧。这种利用冷锻使变形而提高钢的硬度和韧性，在今天依旧是强化金属的重要方法之一。冷锻不但可以避免热锻时金属表面粗糙

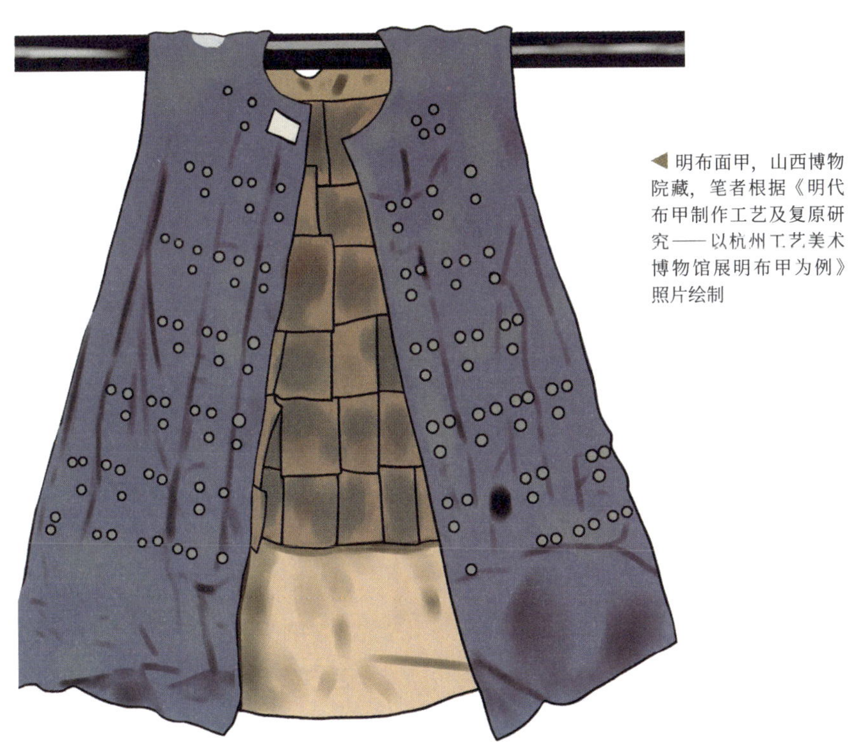

◀ 明布面甲，山西博物院藏，笔者根据《明代布甲制作工艺及复原研究——以杭州工艺美术博物馆展明布甲为例》照片绘制

而有斑点的缺点，同时可以使钢片的表面非常光滑，而且能够把钢甲锻打得更加结实、硬化，具有比热锻甲更高的硬度。[21] 而布面甲固定甲片的泡钉，既有铁钉也有铜钉，也有采用“摆锡”工艺加工而成者，如《工部厂库须知》记载的“青布摆锡钉甲”和“紫花布摆锡钉甲”，摆锡加工的泡钉金属质感会更好，更加光鲜亮丽。

优点

易于保养，是布面甲比较明显的优点。由于甲片衬在布帛、棉花的下方，下雨、下雪和潮湿的天气相对不容易生锈。吕坤的《摘陈边计民艰疏》曾提到将士临阵杀敌皆用布面甲，因为其保养相对较为容易，而札甲一类的明甲保养相当不方便。[22] 这里暗甲、明甲之别将在后文加以详述。

尽管布面甲保养相对较易，但某些时期部分明军布面甲依然有保养不当的情况，譬如戚继光在其《练兵实纪》中就批评部分蓟镇明军所穿布面甲：“外面新表可观，内里铁叶，一片数个眼锈烂，惟存铁形还是好的，其空落如筛子一般”。[23] 整体而言，布面甲内衬铁甲、外罩布帛的复合型设计是一种针对当时军事环境变化的产物，即火器的重要性越来越大，因而产生了这种既要防御火器又要防御冷兵器的铠甲。

▲ 明代布面甲及其内部铁甲叶构造，中国刀剪剑博物馆藏，皇甫江私人藏品

防御性

在防御性上，布面甲的外层棉布可以较好地吸收早期火器铅弹的射击动能，明代笔记《涌幢小品》记载：“绵甲以绵花七斤，用布缝如夹袄，两臂过肩五寸，下长掩膝。粗线逐行横直，缝紧入水，浸透取起。铺地，用脚踹实，以不胖胀为度。晒干收用，见雨不重，霉黰不烂，鸟铳不能大伤。”[24]《涌幢小品》

▲ 明代火器，山海关古城历史博物馆藏，笔者摄

记载的应当属于后文讨论的防御性布衣、棉衣、袄衣一类的范畴，但布面甲内里棉花的防弹性也可以此作为参考。鸟铳，即十六世纪由西方传入中国的火绳枪，是当时最为先进的轻型火器。鸟铳不能对厚实的棉花造成重创，验证了其对火器拥有一定的防御性能。其实不止用于甲衣，明代还广泛地将厚棉被甚至直接将布甲盖在战车上以遮挡矢石。[25]

不过其防御性能不应过于夸大，万历朝鲜战争时期，明军布面甲就时有出现被使用火绳枪的日军击穿的现象："鸟铳铅子飞下如雨，中者无不立毙，有铅弹一枚而穿透二人者"。[26] 副总兵李宁在碧蹄馆之战中铠甲叶片被日军火绳枪射穿，所幸没有受重伤。[27]

▲ 日本火绳枪。1543 年，日本引进葡萄牙制造的火绳枪，并于 1545 年成功仿造出了第一把自产火绳枪，之后开始大量仿制并迅速将其投入战场

▲蔚山之战屏风图，万历朝鲜战争明朝联军和日军作战

著名明史学家黄仁宇先生在其著作《万历十五年》中对明代布面甲评价颇低：“不消多说，组织上的低能必然造成装备上的落后。本朝并不完全缺乏这方面的能工巧匠，但是他们都被集中到皇城里，专门为皇帝的禁卫军制造精美的甲胄。

一般的野战军只能服用衬以小铁片的棉布袄，或者用纸筋搪塞而成的‘纸甲’。”[28]黄先生口中所说的“衬以小铁片的棉布袄”显然指的就是布面甲。在黄先生看来，这种“衬以小铁片的棉布袄”只有野战军列装，且性能远不及禁卫军的“精美甲胄”，这显然是不正确的。且不说“被以纸甲、擐以绵胄”在明代是普遍情况，[29]明朝既有穿布面甲的禁卫军，比如后文将要提到的旗手卫以及锦衣卫校尉，其防御性能也非远不及禁卫军的甲胄。同样，纸甲也绝不是毫无防护性的一种甲，不过纸甲并非本章节重点，将在后文进行论述。

再者，同时期的欧洲也在比较广泛地使用布甲，乃至布面甲。这种披在铁

▲ 德国马格德堡教堂圣莫里斯塑像，约建于1250年，他在锁子甲上穿了一件板甲衣

◀ 意大利板甲衣，约制造于1400年，大都会艺术博物馆藏

▲ 汉斯·梅姆林于 1489 年所绘《圣厄休拉的圣物箱》，注意图中左侧身穿布甲的欧洲士兵，汉斯·梅姆林美术馆藏

▲ 十五世纪身穿“杰克衣”的欧洲士兵

甲外或直接穿在身上的布甲叫武装衣（arming garments），内衬甲片的甲衣则在欧洲称为板甲衣（coat of plates）。譬如十五世纪的欧洲弓箭手就普遍穿着短袖布甲，甚至会穿由多达二十五层或更多层亚麻布堆叠的布甲。意大利旅行家多米尼奇·曼奇尼（Dominic Mancini）在其 1483 年的著作中记载道：“（欧洲士兵）达腰部以下的上衣填充有亚麻或者其他柔软的织物，他们说上衣越柔软越有利于他们防御弓矢和刀剑的攻击。”[30] 同样在十五世纪，勃艮第、英国和法国的文献中均多次提到一种名为“杰克衣”的布甲，“杰克衣”由多层柔软的亚麻布构成，经过剪裁和构成直线的缝线压纹固定，穿上不会行动不便。根据 1470 年法王路易十一世颁布的法令来看，这种杰克衣最佳者需要多达三十层布帛加上鹿皮制作。[31] 在这些布甲下方，有的还会钉上重叠的铁甲片，尽管细节有些不同，但外层布帛、内层甲片的构造还是同明代布面甲一样的。

▲《平壤夺还图》局部，明军同日军交战，韩国国立中央博物馆藏

边军形象

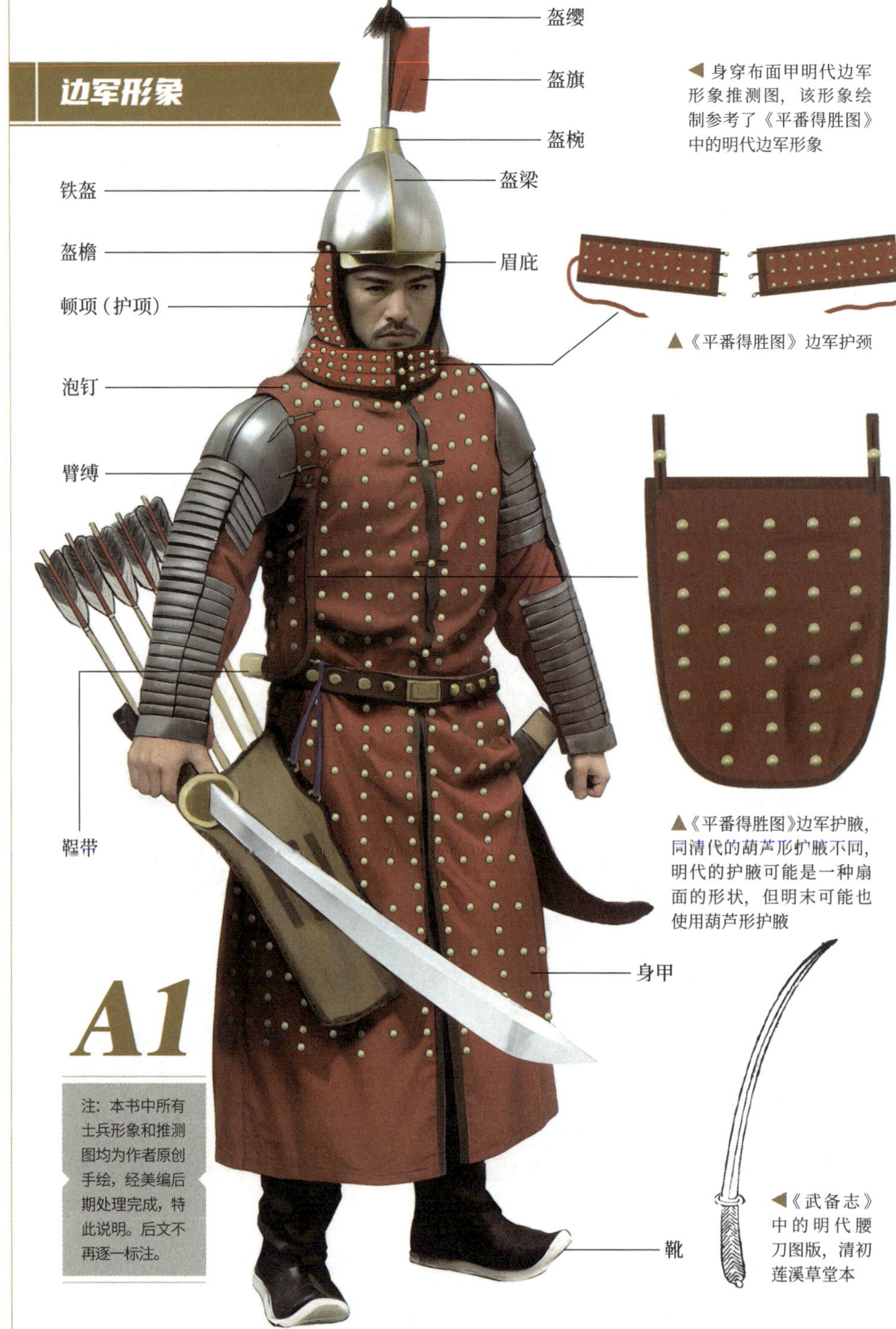

◀身穿布面甲明代边军形象推测图，该形象绘制参考了《平番得胜图》中的明代边军形象

▲《平番得胜图》边军护颈

▲《平番得胜图》边军护腋，同清代的葫芦形护腋不同，明代的护腋可能是一种扇面的形状，但明末可能也使用葫芦形护腋

◀《武备志》中的明代腰刀图版，清初莲溪草堂本

注：本书中所有士兵形象和推测图均为作者原创手绘，经美编后期处理完成，特此说明。后文不再逐一标注。

▲▼《平番得胜图》中边军铁兜鍪正视、侧视、仰视推测图

▲《平番得胜图》中边军布面甲后视推测图

这名边军身穿红色布面甲，布面甲表面有泡钉，内衬有铁甲片，在腋下，他还佩戴了护腋，护腋通过纽扣同身甲联结。从《平番得胜图》看，边军身穿的布面甲主要以红、棕褐两色为主，有的胸前或后背佩戴有护心镜，有的则没有。

▲《平番得胜图》中既有佩戴护心镜的边军，也有没佩戴护心镜者，中国国家博物馆藏，笔者摄

铁盔（铁兜鍪）

这名边军头部佩戴铁兜鍪，铁兜鍪参考周纬著《中国兵器史》图版及军事博物馆、酒泉市肃州区博物馆等博物馆馆藏明铁盔绘制。明代铁兜鍪的形制很大程度上继承了元代铁盔的样式：在头盔的前沿装有眉庇，盔下有宽大的顿项，宽大的顿项可以保护脸部两侧和后脑。和传统的中国甲胄对面部的防护相对不足不同，到了元代，面部的防护得到了显著的提升。

▲《中国兵器史》中的明代铁兜鍪，陕西长安省立第一图书馆（陕西省图书馆）藏

▲ 清代铁兜鍪顿项，可以清楚看到内衬的铁甲片，克利夫兰艺术博物馆藏

▲ 明代铁盔，军事博物馆藏，笔者摄

◀明代铁盔，陇西县博物馆藏，笔者根据照片绘制

▲明代铁盔，酒泉市肃州区博物馆藏，笔者根据照片绘制

▲《武备志》中的兜鍪图版，清初莲溪草堂本

▲南京徐达墓石像生，头盔背后能看见盔缨，笔者摄

为了加强防护，蒙古人采用了两种方法：一是佩戴面铠；二是加大顿项的面积。可以看出，明代的兜鍪继承了加大顿项这一特点：顿项非常的宽大，能够遮住脸部和颈部。清代《满洲实录》曾记载明军佩戴的一种“棉盔帽”，可能是这种下围棉布顿项的铁盔。[32]

同布面甲一样，这种铁盔顿项表面钉有泡钉，但头盔是否一样有内衬甲片，笔者尚未在文献中见到确切说法，不过清头盔实物中存在内衬铁甲片的情况，因而笔者认为明代铁盔也应当内衬有铁甲片。不同之处在于，为了铁甲片不同脸部摩擦磨损肌肤，或是冬天直接同肌肤接触而冻伤，甲片应当是缝合在顿项内的。

除了顿项，在兜鍪的盔顶还插有红色盔缨和小旗。据《纪效新书》记载：“军士盔有缨而无旗。队总盔旗长三寸，上书队哨分数字样，方色照哨将旗。”[33]《练兵实纪》同样记载：“军士盔有缨而无旗。”不同之处在于：“队总盔旗，长六寸，上书队哨分数字样，方色照营将旗。”[34]此处记载与《平番得胜图》《祁岳事迹图》《军垦图》等描绘明代北方边疆战事的图绘有出入，这两幅图几乎无论将校、士兵兜鍪均有盔缨与盔旗，具体原因还有待考证，图绘有可能为了艺术表现而都绘制了盔旗。事实上，《练兵实纪》中无论《马队图》还是《步队图》图版，一个小队中无论队总还是普通兵士，头盔上也都有盔旗。而盔旗长度和颜色的不同，则可能与南、北方军队以及所属单位的不同有关，《纪效新书》总结的是戚继光在南方抗倭的军事经验，而《练兵实纪》总结的是其在北方蓟镇戍边的军事经验。同样据《练兵实纪》记载，骑兵每一大营前营队总盔旗为红色，后营队总盔旗为黑色，左营队和右营队总盔旗为白色，中营队总盔旗为黄色。[35]

在顿项的外围、边军的喉部，他佩戴了护颈，护颈应当也内衬有甲片。护颈分为左右两幅，前面中间以纽扣联结，后面则以条幅系连。根据清代护颈实物，有的还会在护颈上用纽扣联结顿项。除了这种护颈，从《平番得胜图》绘制的细节看，明军应当还普遍佩戴一种“铁环”状的两层式铁制护颈。

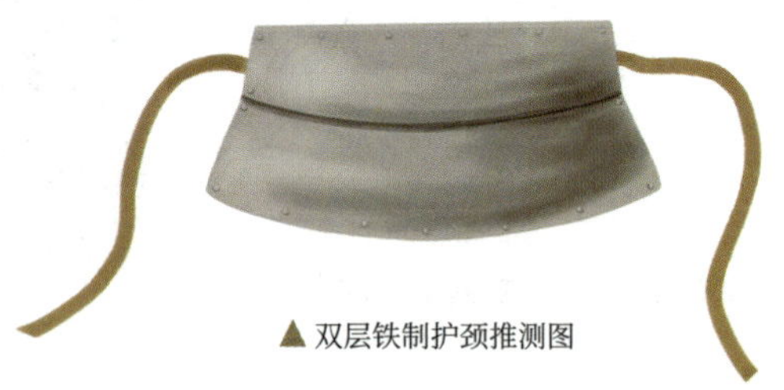
▲ 双层铁制护颈推测图

臂缚

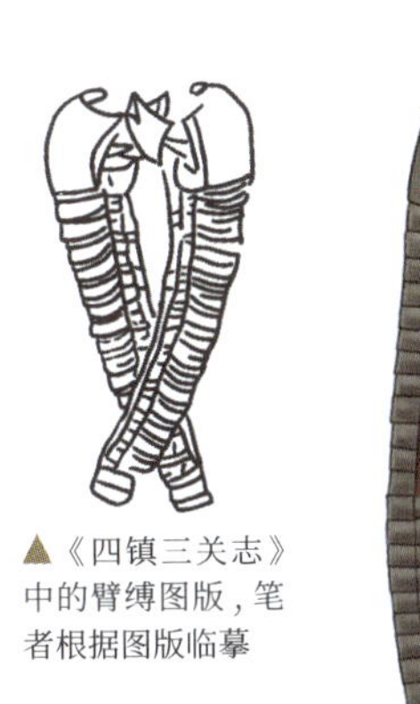

▲《四镇三关志》中的臂缚图版，笔者根据图版临摹

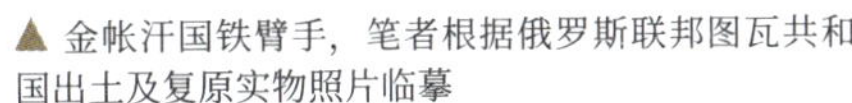

▲ 金帐汗国铁臂手，笔者根据俄罗斯联邦图瓦共和国出土及复原实物照片临摹

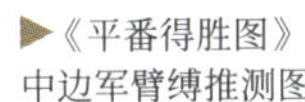

▶《平番得胜图》中边军臂缚推测图

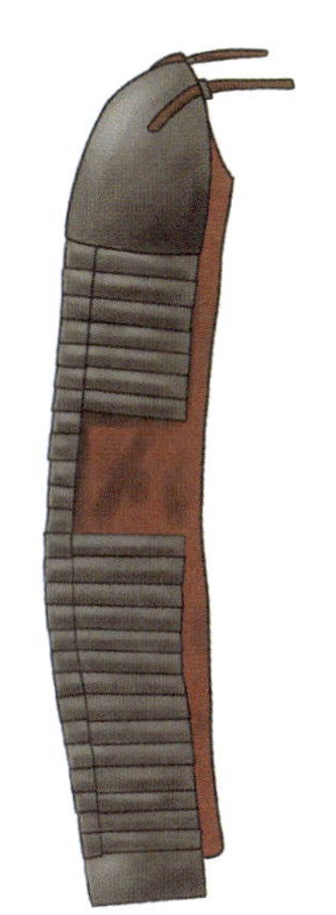

在两条手臂上，这名边军佩戴了臂缚，臂缚又称“臂手”，在《明实录》中也曾写作“辟手”。[36] 明代臂缚应继承自元代，蒙古国科布多省博物馆藏有金帐汗国的臂缚肩部甲片。据《四镇三关志》和《武备志》所绘图版和记述，明代臂缚由铁甲片“精铁”串联而成，再用绳带或皮革绑定在手臂上，或是缝合在手臂状的长袖上。每一副臂缚用净铁十二三斤，钢一斤，加工制成之后重五六斤，起到保护手臂的作用。[37]

鞓带

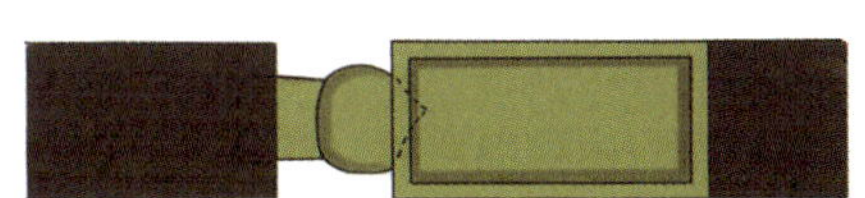

▲《平番得胜图》中边军鞓带卡扣结构推测图

这名兵士腰部佩戴有鞓带，鞓带卡扣结构参考《文物》1978 年第 11 期《鞍山倪家台明崔源族墓的发掘》一文图版。明代的鞓带有双带扣和单排扣两种，双带扣、双铊尾带大都用来束甲，譬如图中这名边军，其结构、样式保持了北宋时期的形象。单带扣带变化比较大，有的开始用卡簧系结。[38] 同时腰带还可以区分品级，据《隋史遗文》记载：“他武弁官各有品级，金带是金带前程，银带是银带前程，就是全装披挂，带束腰间，分其品级。”[39] 这幅图中，鞓带上挂有弓袋和箭袋。

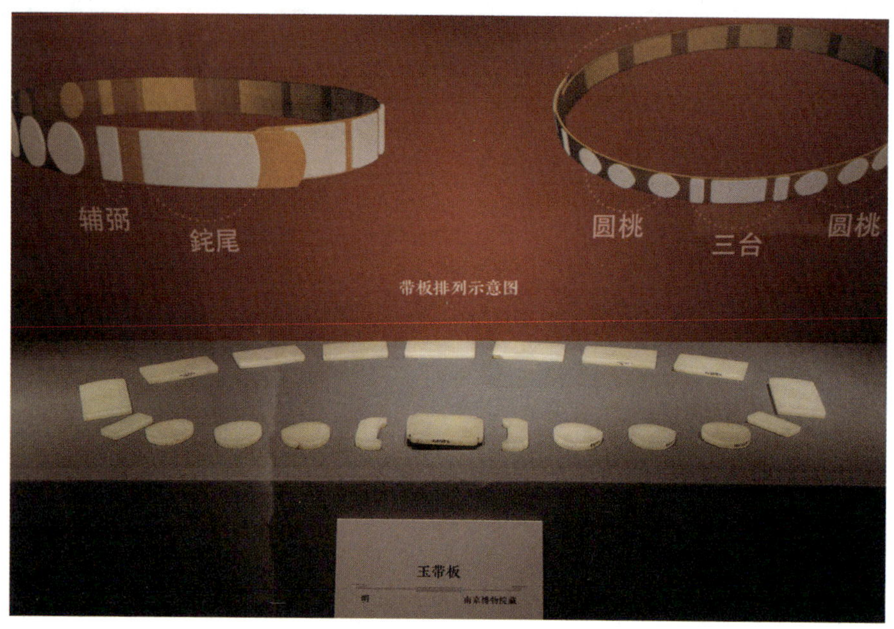

▲明代带板排列示意图，南京博物院藏，笔者摄

靴

在脚上，这名兵士穿有一双皮靴。靴大部分为短靿靴，即短筒靴，有用皮革制成的，也有用缎制的，不过在《平番得胜图》中有的边军也穿布鞋。无论靴和履，一般都是薄底、翘尖，少数也有平、圆头的。[40] 蒙古国家博物馆藏有一双十五至十六世纪、内衬甲片的“铁鞋”，同时期明朝与蒙古诸部落来往密切，明廷可能通过战争、贸易的方式获得了这种内衬甲片的靴子。考虑到我国也曾发明过“铁鞋”，而且这种设计并不复杂，和布面甲内衬甲片的思路差不多，因而明军确实有可能列装了这种靴子。明初对穿靴有比较严格的限制，一度禁止民间制靴，并且不允许装饰花样。一般军人中，只允许校尉、力士在部分场合可以穿靴，大部分骑兵可以穿靴，而步兵不许穿靴。[41]

明军这种布面甲、铁盔、臂缚的军戎服饰搭配在明代中后期逐渐成为精锐军队的标配，万历朝鲜战争期间也有大量明军以此套装束参战。亲历万历朝鲜

▲《平番得胜图》中边军靴子推测图

◀ 十五至十六世纪蒙古铁鞋，蒙古国家博物馆藏

战争碧蹄馆之战的日军下濑朝，在其《朝鲜渡海日记》中记载："大明国士兵的衣服，外面是红色的棉织物，里面是用铁链串在一起的、切割成二寸见方的铁片，乍一看就是道服。他们的头盔都是铁制的，磨得铮亮雪白，手部防护用具也是铁制的。箭无法射穿，刀也切割不断。"[42]

小贴士

关于明军铠甲的质量，《户川记》记载宇喜多秀家麾下有一个名叫国富源右卫门的大力武士，与明军交锋时，用刀刃长三尺的太刀砍了对手的盔甲三次，都被弹了回来。国富源右卫门扔掉刀上去扭打，不一会儿工夫就被按倒在地。虽然他拼命挣扎，但是像被大石头压住一样无法动弹。情急之下，他拔出佩带的短刀瞄准对方的腹部捅过去，但还是捅不破对方的护甲。性命危急之时，国富源右卫门得到己方士兵的帮助，才终于杀死对手。[43]这证明只要质量合格，布面甲的防护性绝对值得信赖。

▲《平番得胜图》中身穿布鞋的边军，中国国家博物馆藏

▲《平番得胜图》中身穿布面甲的明代骑兵，中国国家博物馆藏，笔者摄

▲哱拜之乱初期明军与攻掠黄河以西的叛军作战想象图，笔者绘

南方士兵形象

◀ 身穿布面甲明代南方士兵形象推测图，该形象绘制参考了《倭寇图卷》中的明代南方士兵形象

▲ 明代单刃枪头

▶ 明代枪，同宋元形式基本相同，但数量大大增加

这名兵士手拿一杆长枪，上身穿棕褐色齐腰布面甲，甲面上钉有泡钉，内衬铁甲片，背面写有“兵”字，腰部束一条帛带，帛带上挂一柄雁翎刀。他的腿部打有绑腿，有助于长距离行军时缓解疲劳，脚上穿布鞋或草鞋。

▲《倭寇图卷》中南方士兵布面甲背面形象推测图

▼《御制外戚事鉴》图版中身穿齐腰布面甲的明军，明宣德时期彩绘本，东洋文库藏

小贴士

类似这名明代南方士兵的形象在明清小说中也有出现，《隋史遗文》描述：“第二层坡台下，立家将八员，都是勇巾，扎袖战袄，各跨短刀。”[44]《说唐》中也有“为首的一个戴一顶皂缎包巾，穿一件团花战袄，腰系一条鸾带，脚踹一双皂靴；这一个戴顶白绫札巾，穿件紫罗战袍，踏一双吊根靴”[45]的记载。

▶《倭寇图卷》中南方士兵履推测图

▲明《倭寇图卷》中身穿布面甲的明军，日本东京大学编纂所藏

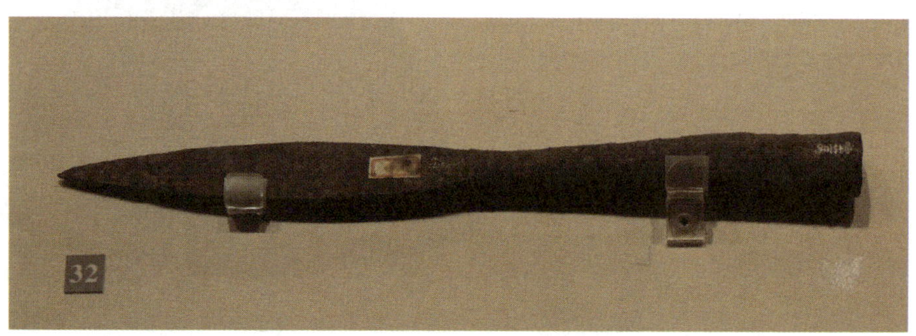

▲明代枪头，山东博物馆藏，笔者摄

头部戴头巾，从发髻一直包裹到颈项。据《明会典》记载，早在洪武二十二年(1389)，明太祖就“令将军、力士、校尉、旗军常戴头巾或榼脑”。[46]《倭寇图卷》中的头巾有红、白、蓝、黄等颜色，林希元在《上巡按二司防倭揭帖》中也提到浙江兵头戴青、红、白三色的“裹首”。[47] 颜色的不同可能与士兵在战场上的具体职能不同有关，也可能是因为头巾是自备的，所以颜色驳杂。江南沿海地区士兵头戴红色头巾的情况，来华传教士克鲁士在其著作《中国志》中也有相关记载：“其次，必须指出的是，为理解其中一些模糊之处，幞头（poutoor）就是海岸卫队，是那些戴红帽的被判罚的罪犯，他们被放逐到边境当兵。”[48] 不过，他所说的幞头应该是头巾。

▲身穿布面甲南方明军与倭寇作战想象图，笔者绘

鸟铳手形象

A3

▶ 明末身穿“赵勇甲”鸟铳手形象推测图，该形象绘制参考了《中国古代服饰史》《大明衣冠图志》和中国刀剪剑博物馆收藏的私人藏品

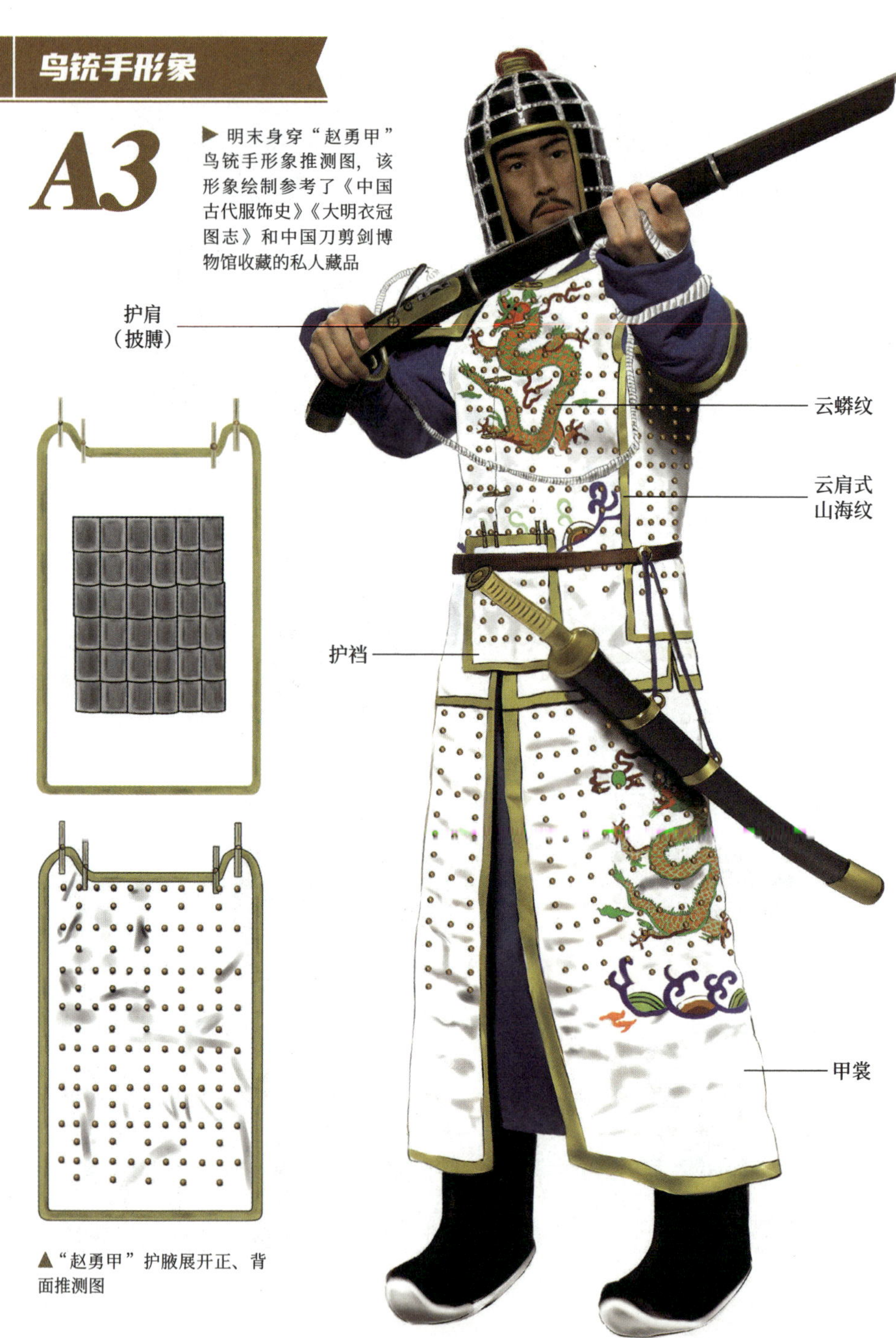

▲“赵勇甲”护腋展开正、背面推测图

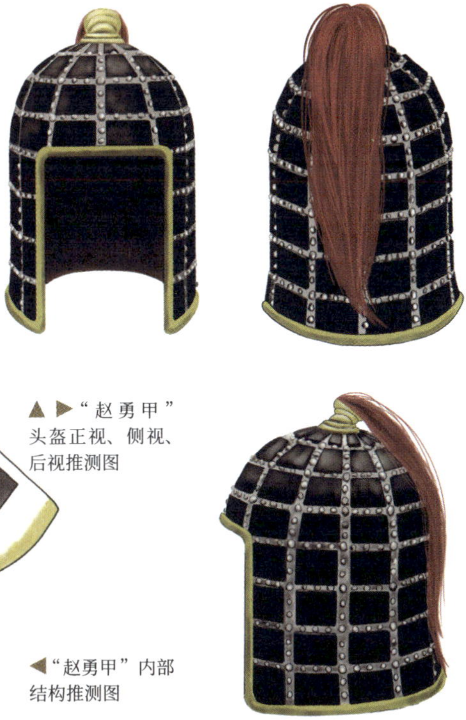

▲ ▶"赵勇甲"头盔正视、侧视、后视推测图

◀"赵勇甲"内部结构推测图

这套布面甲分为上衣、下裳两个部分，表面钉有泡钉，内里钉有甲片，上衣对襟、无袖。其甲面饰有云肩式山海、云蟒纹样，两肩各有护肩（披膊）一副。在甲衣的腋下与腹部钉有纽襻，可知原来还缀有护腋和前裆。部分著作中将护腋绘制成葫芦形，可能并不符合真实的情况。此处绘制的护腋参考了中国国家博物馆藏明代《行军图》中布面甲的护腋进行绘制，护腋上部有扣，其里有甲片。这名鸟铳手下身分作两幅，裳面也饰有云蟒纹。[49] 其腰部系一条皮带，挂腰刀一把，除传统的冷兵器，他的手上还有一把鸟铳，形制参考《中国兵器史》明代御制火枪图版绘制，手部还缠绕有点火所用火绳。

在多部明代军戎服饰相关著作中，不止一次提到了山西博物院收藏的一件明代布面甲，并且注明此件布面甲为"崇祯时期山西宁武路静乐营二队鸟枪手队长

▲《行军图》局部，中国国家博物馆藏，可见其腋下宽大的护腋，但佳莉根据照片临摹

赵勇所穿”。目前这些著作中出现的“赵勇甲”形象主要有两种，均为无袖甲衣搭配护肩，下身是一件长及脚踝的甲裳，在甲衣表面都饰有蟒纹等纹样并钉有泡钉，区别主要在于颜色：一种是白色布面甲。不过此推测形象参考的文物，其甲衣部分参考的应当是中国刀剪剑博物馆曾展出过的一件私人藏品，并非出自山西博物院。其甲裳部分同样并非出于山西博物院。这两件藏品从形制看，应当是明末清初的甲衣。另一种“赵勇甲”的形象是一种蓝色布面甲。该形

▲清代布面甲，军事博物馆藏，其护腋明显呈葫芦形，笔者摄

▲清代布面甲，故宫博物院藏，同样可见葫芦形护腋，笔者摄

象的原始出处应当来自周锡保老师的《中国古代服饰史》，不过该图像仅为一幅手绘图，并未见于实物或见于任何古画、古籍图版、雕塑、陶俑等。事实上到目前为止，除了这幅周锡保老师的手绘图，尚没有任何途径可以证明该甲衣的存在，山西博物院是否真有此物是比较可疑的。不过山西右玉县博物馆收藏的一件明代蓝色布面甲倒是比较接近蓝色“赵勇甲”的形制。此外，高台县博物馆也有形制类似的布面甲，可以作为两个比较重要的参考。

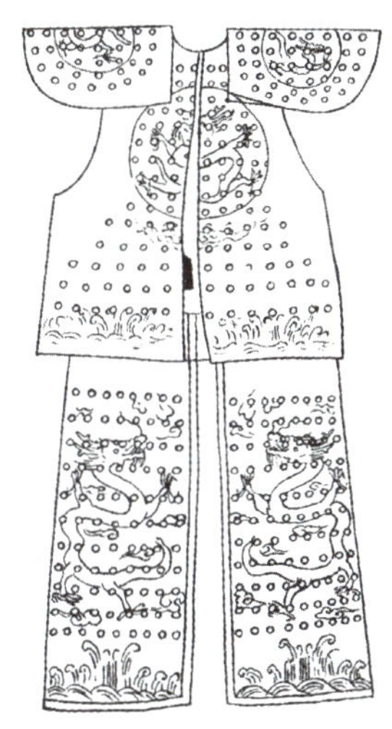

▲“赵勇甲”手绘图，笔者根据《中国古代服饰史》临摹

▲明代布面甲，右玉县博物馆藏，笔者根据照片绘制

◀明代布面甲，高台博物馆藏，笔者根据照片绘制

边军形象

A4

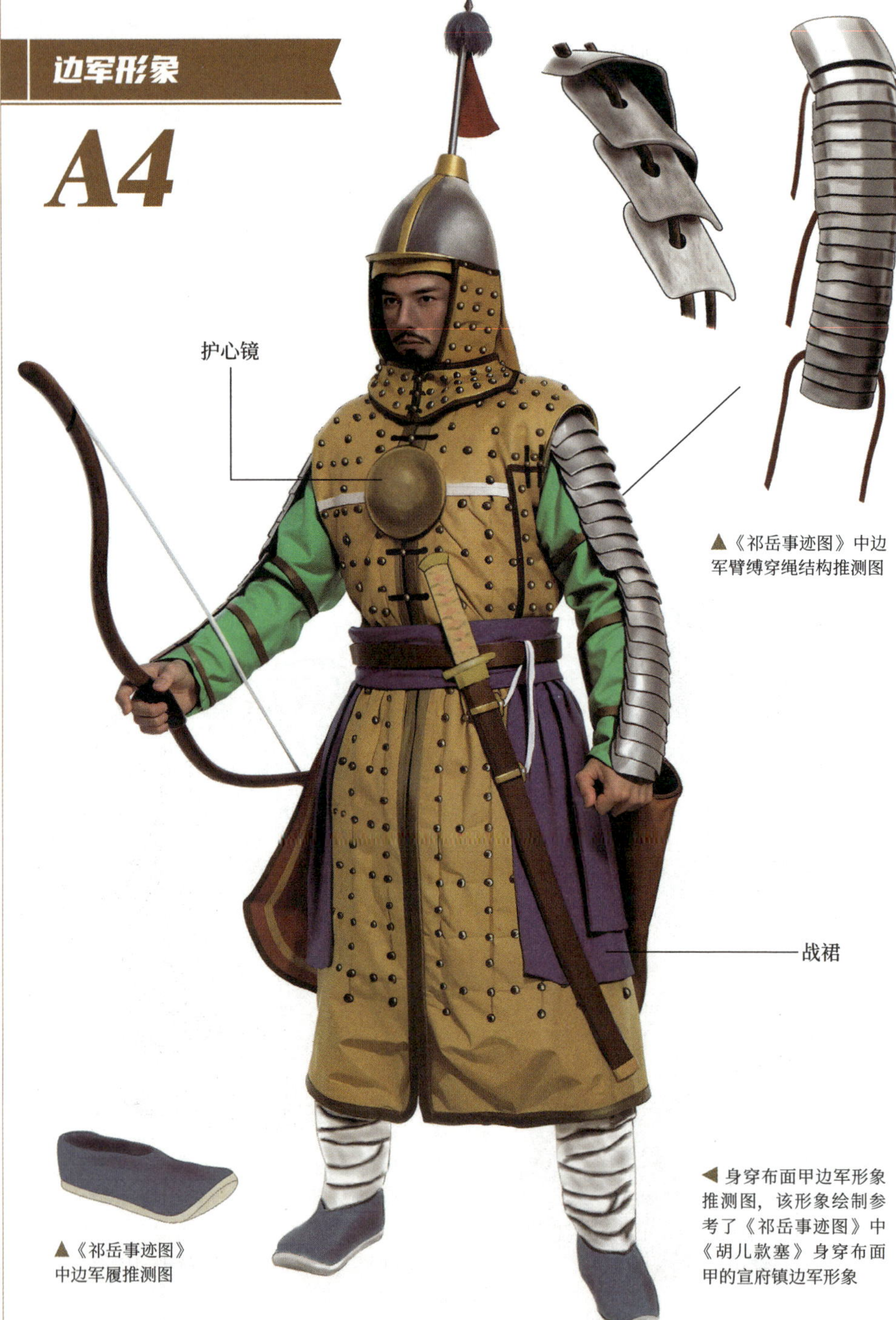

▲《祁岳事迹图》中边军臂缚穿绳结构推测图

◀ 身穿布面甲边军形象推测图，该形象绘制参考了《祁岳事迹图》中《胡儿款塞》身穿布面甲的宣府镇边军形象

▲《祁岳事迹图》中边军履推测图

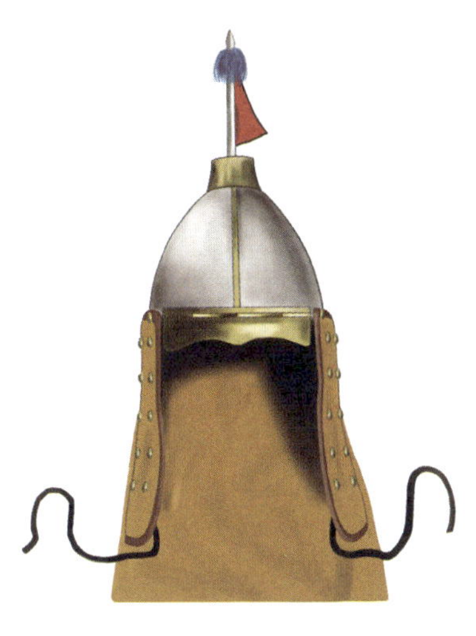

▲《祁岳事迹图》中边军头盔正视、侧视推测图

▲《祁岳事迹图》边军布面甲后视推测图

这名边军身穿布面甲、头戴铁兜鍪，手臂上佩戴有臂缚，整体形制基本同A1的固原镇边军一致。该图的边军在脖颈处也有护颈，可以防护敌人对其脖颈的攻击。护颈所用材质同身甲相同，其上钉有泡钉，其下缀有甲片，中间有纽扣用以系结。此外，这名边军的腿上打有绑腿，脚上穿履而没有穿靴。《长物志》记载：“（履）冬月秧履最适，且可暖足。”[50]说明履也可以对双脚起到保暖的作用。

另一个显著的区别在于这名边军胸口还佩戴一枚护心镜。护心镜可能最早起源于魏晋时期明光铠上的圆护。宋代以后，这种圆护逐渐简化成了护心镜。在推测图中，护心镜以绳在身后打结以固定。

▲明代《祁岳事迹图》中《胡儿款塞》局部

骑马祁岳形象

A5

▶ 身穿布面甲祁岳形象推测图，该形象绘制参考了《祁岳事迹图》中《新平之捷》身穿布面甲的祁岳形象

▲《祁岳事迹图》中祁岳大帽推测图

▲明代《祁岳事迹图》中《新平之捷》局部

▼祁岳布面甲后视推测图

祁岳形象所骑白马鞍具参考《出警入跸图》。《祁岳事迹图》中《新平之捷》一开图里，站在山丘之上、被亲兵簇拥的蓝衣将校可能为祁岳本人，其身穿青色布面甲，上有泡钉、内缀甲片。头部佩戴大帽，胸前系有护心镜，腰部系鞓带并挂箭袋、弓袋。

小贴士

祁岳，明朝蔚州人。蔚州，今属河北省张家口市蔚县。《蔚州志》有祁岳小传："祁岳，字民望。正德十四年（1519），以副千户南征有功升指挥佥事，守备西城。嘉靖元年（1522），充宣府游击将军，战新河王保屯诸处，皆捷。九年，升左参将，分守北路马营及独石堡。十年，调中路。岳为将廉静，每战身先士卒，屡奏奇绩，以功名终。"[51] 嘉靖朝《宣府镇志》的《职官考》同样有记载，嘉靖元年，"（祁岳）署都指挥佥事，充游击将军领旧游兵"，[52] 嘉靖九年、十年分别任职都指挥佥事和北路参将。[53]

兵士形象

A6

▶ 身穿布面甲兵士形象推测图，该形象绘制参考了明万历容与堂刊本《水浒传》图版

▲ 明刊本《水浒传》中兵士布面甲后视推测图

▲ 明刊本《水浒传》中兵士履推测图

帽缨

毡笠

该形象服饰颜色参考《祁岳事迹图》及《明实录》记载上色：“（洪武五年十二月）诏将士战衣、旗帜皆用黄赤二色。”[54]

这名兵士身穿黄色布面甲，《说唐》中有对黄布面甲的描述：“头上戴一顶荷叶檐彩青色的范阳毡笠，穿着一件皂布海青箭衣，外罩上黄罩甲。”[55]

毡帽

兵士头戴红色毡帽，帽有帽缨。毡帽，也叫毡笠，以动物细毛，如羊毛一类制成，有保暖、防雨的功能。其起源较早，早在秦汉以前羌人就开始使用了，秦汉时期中原王朝开始进行仿制。《三才图会》有记载：“此胡服也，胡人谓之白题。杜诗‘马骄朱汗落，胡舞白题斜’是也”。[56]因简便易用，宋元时期毡帽已经普及开来。到了明代，毡帽的样式同宋代没有什么差别，有红毡笠、白毡笠、黑毡笠等。其形制类似大帽，有宽帽檐，质地较软，帽檐可以卷起，有时还在左右插雉尾。[57]《隋史遗文》中有关于毡笠的描述：“带一顶荷叶檐粉青色的范阳毡笠，着皂布海衫盖土黄罩甲。”[58]《初刻拍案惊奇》也有：“黄衫毡笠，短剑长弓。”[59]明代同样用毡制成的服饰还有毡衫，其也有遮雨的用处，明代军士就多用毡衫遮雨，保护自己和甲衣、军器不被打湿。[60]

▲《水浒传》中兵士毡笠正视图推测图

▶ 左图：《水浒传》图版，万历容与堂刊本

▶ 右图：戚继光纪念馆前身穿布面甲、头戴毡笠的明代兵士形象，笔者摄

▲《岁华纪胜图册》局部，可见头戴毡笠的军士，明 吴彬绘，台北故宫博物院藏

旗牌官形象

A7

◀身穿布面甲旗牌官形象推测图，该形象绘制参考了《丰山恩荣次第图》

▲《丰山恩荣次第图》旗牌官头盔遮耳和皮毛缘边正视推测图

这名旗牌官头戴铁盔，盔顶有墨绿色盔缨和盔旗。铁盔下面、脖颈后方有顿项，两耳上方则有遮耳，两者表面均钉有泡钉，并在边缘处缀有毛皮。这种毛皮可能单纯只是一种装饰，也可能用来保暖。

令牌

▲《丰山恩荣次第图》中旗牌官布面甲后视推测图

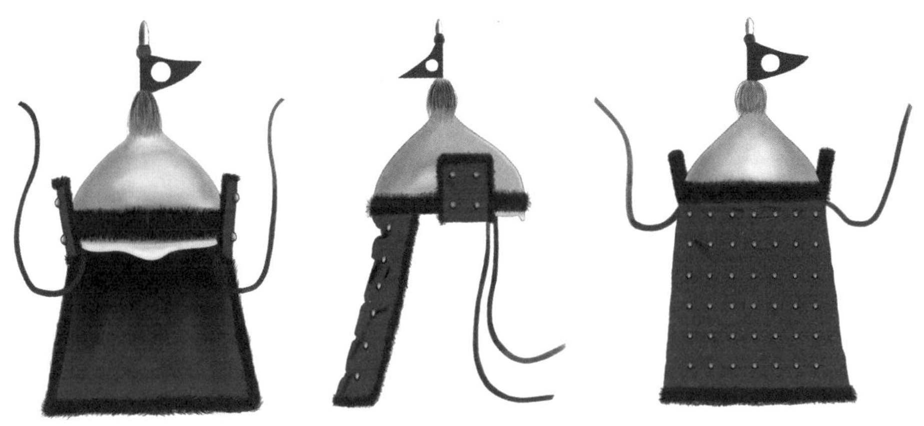

▲《丰山恩荣次第图》中旗牌官头盔正视、侧视、后视推测图

上身，这名旗牌官身穿布面甲，圆领，表面缀有泡钉，内里则有甲片。陇西县博物馆有一件类似的实物，虽然已经大面积褪色，但依然可以看出先前所染的青色，尤其是该甲衣的背部，颜色保存相对较为完好，是一件重要的实物参考。在胸口处，斜挂着圆形令牌，令牌为红色，牌头为荷叶形状，牌头的上面有红色排穗。手上拿枪杆，枪杆系蓝色令旗，枪尖下有红缨。

下半身，这名旗牌官身穿战裙，同样上有泡钉、内缀甲片，边缘缀有毛皮，战裙有两片式的，也有两片加护裆式的。

▶《丰山恩荣次第图》中旗牌官战裙推测图

▲《丰山恩荣次第图》中《经略三关》，中国国家博物馆藏

◀ 明代布面甲正面，陇西县博物馆藏，笔者根据照片绘制

▶ 明代布面甲反面，陇西县博物馆藏，笔者根据照片绘制

骑马军士形象

A8

中国国家博物馆藏《行军图》为严纪临摹本，原图描绘的内容大约是十七世纪早期明军的形象。

▲《行军图》局部，中国国家博物馆藏

▶ 身穿布面甲军士形象推测图，该形象绘制参考了《行军图》中骑马的军士形象

鹿皮靴

◀《行军图》中军士头盔侧视推测图

◀《行军图》中军士头盔正视推测图

▶《行军图》中军士一体式臂手推测图

▶《行军图》中军士战裙展开推测图

▼《行军图》中军士布面甲后视推测图

▲《行军图》中军士布面甲护裆推测图

▲《行军图》中军士所穿鹿皮靴推测图

▶《行军图》局部，中国国家博物馆藏，但佳莉根据照片临摹

▶ 皇太极布面甲，故宫博物院藏

《行军图》中身穿布面甲的明军同广泛流传的《平番得胜图》不尽相同，后者的布面甲大多是一体式的，采用统一的颜色；而前者的布面甲是上下分体的，且上身和下身采用了不同的配色。同时，《行军图》中的明军也在布面甲小腹部位采用了类似护裆的设计，这种设计在清代的布面甲中很常见，二者应当是有传承关系。

《行军图》中兵士的臂缚同《四镇三关志》图版一致：由上、左、右三个面编缀的三排铁片组成，同时包裹在布制或是皮革制的护臂上，是一种近乎手臂全包裹住的样式。护心镜方面，由于《平番得胜图》篇幅宏大，并不能十分确定护心镜佩戴的样式，而《行军图》的护心镜可能用纽扣系在布面甲之上，而非用绳索绑缚在身上。虽然这副甲没有实物，但北京故宫博物院收藏了一领皇太极的布面甲。作为活跃在明末的人物，皇太极的布面甲深受明代布面甲的影响，且两者时间较为相近，形制也类似，因而可以作为实物对照和参考。

军士形象

《军垦图》中的兵士头戴铁盔，身穿布面甲。铁盔下围顿项，顿项上有泡钉且内缀甲片，特别之处在于铁盔的缨旗上下均装饰有盔缨。此外，这顶盔的盔檐比较类似南京将军山明初将领沐昂墓中出土的一顶铁盔。布面甲也有不同于常态的特点，《军垦图》中军士所穿布面甲呈现了上下异色的形制。由于《军垦图》绘制不够精细，因此笔者并不能十分确定这种上下异色是否仅仅是颜色不同，也可能是上半身采用札甲编缀，下半身采用布面甲的情况，即后文其他大类甲胄中的半札甲半布面甲混合型甲衣。《皇明经世文编》第三百七十卷《魏敬吾文集》中《议处兵戎要务疏》曾提到一件“冷端甲”，即“冷锻甲”，这种甲甲叶上红下绿，是一种很坚密的铠甲。[61] 宋人《愧郯录》中同样记载了这种铠甲“谓甲不经火，冷砧则劲，可御矢，谓之冷端”，且“坚滑光莹，非劲弩可入”。[62] 从描述看，这件冷端甲应当是札甲，未必就是《军垦图》中的布面甲，不过两者上下异色和配色的选择是一致的。

◀《军垦图》局部，山东省青州市弥河镇大关营村石姓后人私人收藏，但佳莉根据照片临摹

小贴士

《军垦图》由四条屏幅组成，长约3米，宽1.5米，描绘的内容大约是明代万历年间，大臣石茂华总督陕西三边军务时垦荒的场景。

▶《军垦图》中军士头盔正视推测图

▶《军垦图》中军士头盔侧视推测图

◀身穿布面甲军士形象推测图，该形象绘制参考了《军垦图》中骑马军士形象

◀《军垦图》中军士布面甲后视推测图

罩甲（狭义）

罩甲，即明代对布甲的称呼之一。为方便分类，笔者将有泡钉无内衬甲片的布甲以及符合罩甲形制——对襟、无袖或短袖的无泡钉、甲片的布甲归为此类。

《酌中志·内臣佩服纪略》记载："罩甲，穿窄袖戎衣之上，加此束小带，皆戎服也。"顾炎武《日知录·对襟衣》有："今之罩甲，即对襟衣也。"《戒庵漫笔》云："罩甲之制，比甲稍长，比袄减短，正德间创自武宗，近日士大夫有服者。"除了军士用罩甲，明代罩甲逐渐成为人民日常穿着的服饰之一，这种罩甲没有泡钉也没有甲片，单纯作为一件外套穿。

▲《明宣宗射猎图轴》局部，身穿罩甲的明宣宗，故宫博物院藏

旗手卫力士形象

A10

▲《出警入跸图》旗手卫勇字盔正视推测图

▲明代勇字盔实物，湖北省博物馆藏

▶ 身穿罩甲旗手卫力士形象推测图，该形象绘制参考了《出警入跸图》中穿罩甲旗手卫力士形象

这名力士身穿青色罩甲，两侧、前后均开衩，其上缀泡钉，背部则缀有“勇”字小方补。如前文所述，狭义的罩甲与布面甲的区别通常只是甲衣表面内里是否缀甲片。在表面有泡钉的情况，即使不内缀甲片，仅从外观上也无法区分其与布面甲的区别。

其在腰部系有狭长如带的裙腰，在罩甲下侧则排布有排穗。其头部佩戴朱红漆贴金勇字盔，该盔有铁盔和皮盔不同的两式。勇字盔外形形似大帽，通体髹红漆，盔前方用贴金或以金粉书“勇”字。[63]湖北钟祥梁庄王墓出土有此铁盔。从《工部厂库须知》的记载看，勇字盔可能是其中记述的一种“红盔”。根据记载，红盔制造

▲《出警入跸图》中旗手卫罩甲后视推测图

▲《出警入跸图》中身穿罩甲、手持令旗的仪卫，台北故宫博物院藏

需要黄丹、桐油、藤黄、水花珠、无名异等材料。其中经过加工，黄丹和藤黄分别可以制成橘红色和黄色的颜料，可能就是勇字盔红色底色和黄色“勇”字所需的颜料，而白绵则应当是盔绳头盔内衬的原材料。[64] 除了《出警入跸图》，类似的头戴红色勇字盔、身穿蓝色布面甲的明军形象还可见于即墨博物馆收藏的《蓝章战功图》，两幅画作中的形象相当接近。故宫博物院藏《王文成公事迹图》也有头戴类似红盔的明军。

◀《蓝章战功图》局部，即墨博物馆藏，但佳莉根据照片临摹

明代军中设置有旗牌官，专司令

▲《天书记》中身穿罩甲的兵士，明万历时期环翠堂乐府初行本

旗、令牌，以传递军令，名将戚继光年轻时就曾出任过旗牌官。《说岳全传》中曾对旗牌官有过描述：“却说这四位主考立誓已毕，仍到演武厅上一拱而坐。宗爷心里暗想：‘他三人主意已定，这状元必中梁王。不如传他上来，先考他一考。’便叫旗牌：‘传那南宁州的举子柴桂上来。’旗牌答应一声：‘吓！’就走下来，大叫一声：‘得！大老爷有令，传南宁州举子柴桂上厅听令。’那梁王答应一声，随走上演武

◀ 南京城墙博物馆中头戴勇字盔的明军蜡像形象，车力摄

▶ 万历朝鲜战争中身穿布面甲、头戴勇字盔的明军场景推测图，笔者绘

厅来，向上作了一揖，站在一边听令。”[65]

据《明会典》记载：“凡旗牌，正统元年奏准，令旗、令牌在外不许轻造，闲常不许擅用，班师之后照验还官。”[66]弘治年间，每一副令旗、令牌的规格标准为：“每旗用阔绢一幅，长四尺、阔一尺九寸。枪连杆长六尺五寸，围二寸三分。每牌连卧虎盖长八寸，厚七分，俱编令字，一号起至三百号止。”[67]

▲南京城墙博物馆中头戴勇字盔发射佛郎机火炮的明军形象，车力摄

金川门之变

锦衣卫校尉形象

A11

▶身穿罩甲锦衣卫校尉形象推测图，该形象绘制参考了《徐显卿宦迹图》第二十一开《岁祷道行图》中的锦衣卫校尉形象

月纹盔旗

帽儿盔

紫花布火漆丁钉圆领甲

▲《徐显卿宦迹图》中锦衣卫校尉罩甲后视推测图

这名锦衣卫身穿紫花布火漆丁钉圆领甲，这也是一种罩甲，其名见载于《明会典》一百九十二卷。[68] 类似的黄色布甲还见于《明史》：“正德十一年（1516）设东、西两官厅，将士悉衣黄罩甲。”[69] 紫花布火漆丁钉圆领甲所用紫花布同帽儿盔顿项同。紫花布，最早种植于苏州府的嘉定、太仓和崇明，后松江府等地也开始出产。[70] 崇祯《松江府志》有记载“以紫花为之”[71]“道俗咸用”[72]。

明代种棉有两种：木棉、草棉，花则有白、紫两色。根据《天工开物》的记载，白棉花的种植占据十分之九，而紫棉花占十分之一。[73] 因紫花布其色赭黄，赭黄为皇家用色，故正德十六年（1521）严禁军民穿紫花罩甲，[74] 甚至赭黄色的染色方法都在《天工开物》中失传。[75] 明代“前七子”王廷相曾在《赭袍将军谣》中描述过军士身穿紫花罩甲或布面甲的壮观景象：“万寿山前擂大鼓，赭袍将军号威武，三边健儿猛如虎。左提戈，右挎弩，外廷言之赭袍怒。牙旗闪闪军门开，紫茸罩甲如云排。大同来！宣府来！”[76]

▲《徐显卿宦迹图》中锦衣卫校尉帽儿盔正视推测图

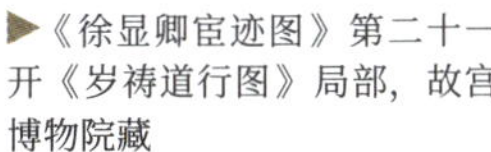

▶《徐显卿宦迹图》第二十一开《岁祷道行图》局部，故宫博物院藏

帽儿盔

这名锦衣卫校尉头戴帽儿盔。在《工部厂库须知》中，帽儿盔被称为“铁帽儿盔”，可以看出这是一种铁制盔。根据《工部厂库须知》修理铁帽儿盔的记述，帽儿盔的原材料为熟健铁或报废盔甲、刀具的铁。头盔内部的衬里可能采用的是细三梭布和粗白棉布，盔绳则可能采用的紫白棉线。[77]

从形制上讲，帽儿盔是一种形如大帽的头盔。[78]大帽，即遮阳帽，也叫“笠”，[79]从古代圆笠发展而来，宋元时期已流行开来。大帽形制，其上为圆而高的帽筒，下有一圈帽檐，帽檐下有系带，打结悬于颔下。[80]根据式样的不同，大帽的帽檐也有所不同，暖帽帽檐上翻，如《明宪宗御花园赏玩图》；凉帽帽檐平伸，如《三才图会》。[81]大帽材质来源丰富，《留青日札》有载：“帽，冒也，上古用羽毛及皮为之，今以纱罗、纻丝、马尾、牦牛尾、棕藤、竹蒲为之。”[82]

自嘉靖四十三年（1564）题准之后，各卫所六瓣明铁盔改造为八瓣帽儿盔，[83]故《岁祷道行图》中的帽儿盔盔身为八瓣。类似的六瓣、八瓣铁盔在明代小说中也有记载，譬如《封神演义》中有：“顶上盔，攒六瓣。”[84]从图像上看，帽儿盔盔顶插盔旗，盔旗有红、绿、蓝等不同的颜色。盔下围顿项，顿项上有泡钉，顿项内侧可能钉有甲片，也可能因为是仪仗甲胄可能没有甲片。

▲《三才图会》中的大帽图版，槐荫草堂藏版

◀《明宪宗御花园赏玩图》，图中坐者为头戴大帽的宪宗，嘉德 2012 年秋拍

吹鼓手形象

A12

▶ 身穿罩甲吹鼓手形象推测图，该形象绘制参考了《出警入跸图》中身穿罩甲的吹鼓手形象

孔雀翎

小帽

铜角

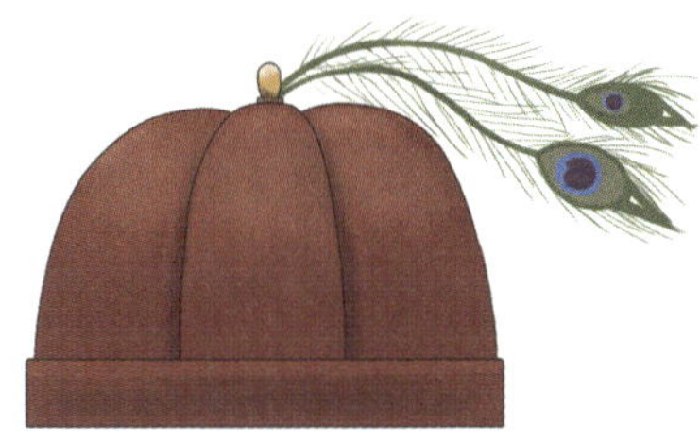

▲《出警入跸图》中吹鼓手小帽推测图

▲《出警入跸图》中吹鼓手罩甲后视图

这名鼓手头戴红色小帽，其帽身由六瓣缝合而成，下有帽檐，小帽上缀有铜制帽顶，帽顶上插两根孔雀翎。据《三才图会》记载：“帽者，冒也，用帛六瓣缝成之。其制类古皮弁，特缝间少玉饰耳。此为齐民之服。”[85]

在身上，这名吹鼓手穿一件罩甲，甲衣上钉有泡钉，甲的下缘有彩色排穗。在甲衣里面他又穿一件蓝色贴里，腰部系一条绿色束带。在手上，他拿着一把铜角。

小贴士

《纪效新书》中专门记述了喇叭手的训练方法：“凡大小将领门前及教场内、行营处独吹，别无响器举动，是掌号也。第一次是头号，要人闻号即兴起，收拾行李，做饭。迟半个时辰，吹第二次，要人吃饭，收拾出门，询问扎营信地，取齐。吹第三次，是要起身。”[86]

铜角

铜角，也叫铜喇叭，是一种古代气鸣类的乐器，明代军中多用其鸣号传递讯息。《殊域周咨录》有记载，明朝初年在征讨安南的战役中，明军攻打多邦城时就使用了铜角：“于是将士皆踊跃用命。议遣兵夜袭其城，以燃火吹铜角为号。”[87]

▲《出警入跸图》中的吹鼓手，台北故宫博物院藏

钹手形象

小贴士

方补，是补子的一种，是缀在胸前和背部的方形装饰区域，补子源自元代的胸背，于洪武二十四年（1391）被赋予区别官员品阶的职责，可以装饰飞禽走兽、植物花卉等各种纹样。

A13

◀ 身穿罩甲、头戴帽儿盔钹手形象推测图，该形象绘制参考了《出警入跸图》中的钹手形象

▼ 明早期刺绣狮子补，大都会艺术博物馆藏

▲《出警入跸图》中的钹手，台北故宫博物院藏

这名钹手头戴帽儿盔，从《出警入跸图》看，帽儿盔的颜色主要有黑、墨绿和蓝三种颜色，在盔顶同时装饰有孔雀翎。钹手身上穿一件罩甲，前胸和后背都缀有方补，前胸的方补图案对称，背部方补为完整一块，推测图的方补图案参考了《大明衣冠图志》中《旗手卫罩甲（二）》中的图案。罩甲前后和两侧开裾，底部缀有彩色排穗，其上系有战裙，于身前打结。

钹，古代一种铜质圆形打击乐器，又称铜钹、摔钹、铜盘，民间习称镲。其形制为两个圆铜片，中间突起呈半球形，正中有孔，可以穿绸条或布片以持握。奏乐时，两片相击发出声音，多在军中作为指挥号令之一。[88]

▲摔钹，戚继光纪念馆藏，笔者摄

步弓手形象

A14

▶《祁岳事迹图》中步弓手大帽推测图

▶ 身穿罩甲步弓手形象推测图，该形象绘制参考了《祁岳事迹图》中《二场步射》步弓手形象

这名步弓手头戴大帽、身穿罩甲、腰部束带，罩甲下穿贴里，腰部以下做褶。双手左手持弓，右手持箭，二者均参考《武备志》图版绘制。

明代武将选拔和士卒训练注重个人武艺的技巧。《兵录》记载："主将之道无论平时、无论临敌，件件苦处皆当身先士卒。即如习技亦须自主将始，主将之技精则士卒之技亦精。"[89]《练兵实纪》也认为："将军者，将军于前，使无技艺在身，安得当前不惧?"[90]这其中，武将技艺又以射法为重："夫简练服习莫要于射"[91]"北

▲《祁岳事迹图》中罩甲后视推测图

方之习最重于射”。[92]《练兵实纪》中关于如何考核有比较详细的记载：主将立蓝旗一面，这是调射手集合的旗号。集合完毕后，将箭靶立在八十步远的地方，所用步弓以五尺长为准，每一千步立靶四面，每次每靶共五人射箭。[93]西班牙来华传教士拉达在其《记大明的中国事情》中也称：“他们打仗时也使用弓箭，马步兵均使用，这些射手每月操练，箭法纯熟。我们在福州见过一次操演，两名将官各带大约六百人，他们在操演中那样的迅速和熟练，令人惊叹，但他们的运动并不像我们那样排成整齐队形，而是成群拥在一起。”[94]

《祁岳事迹图》中步射比试的军士除了穿罩甲的，还有仅穿贴里的。罩甲由于表面没有钉泡钉，也是重量较轻、穿着较舒适的无内缀铁甲片布甲。当时明朝的藩属国朝鲜也有类似的情况，以至于朝鲜官员李民宬抱怨战场上朝鲜军人不胜甲胄、难以作战，建议以后“武人试才，射矢驰马，必具甲胄而行之”。[95]

◀《祁岳事迹图》中《二场步射》局部

（二）棉甲（绵甲）与各类袄衣

相比知名度较高的布面甲，明代另一种知名度略低、但列装率更高的布甲就是棉甲和各类袄衣了。在元代，棉甲、袄衣就多有记载，如《元史·舆服》中就记载过衬袍“制用绯锦，武士所以裼两当”，这是一种套在两当铠外面的布甲。[96] 此外还有士卒袍、窄袖袍等。

棉甲

棉甲，也作绵甲，即前文《涌幢小品》中提到的一种内里填充棉花形似袄衣的甲衣。在很多情况下，笔者认为也可直接同明代文献中广泛提及的各类袄衣画等号，甚至在一些文献中，棉甲也等同于布面甲。同布面甲相比，棉甲由于没有内衬铁甲片，衣服表面也没有泡钉，因而更加轻便；但也由于没有甲片，其防御性不如布面甲。《经国雄略》的作者郑大郁就认为棉甲轻便，但不是十分坚固。[97] 但事实上只要内衬足够厚的布帛，棉甲也能防御刀剑、弓矢。明末农民起义领袖李自成的前锋骑兵就“纫重布为甲，刃矢挥击不得入”[98]。

明代棉甲使用广泛，在各女真部落尚从属于明廷政府时，满人的史料文献也记载过不少棉甲在族人中使用的情形：“城外寨中有四十人不及进城，携妻儿而走，为首一人着青色绵甲，戴毡帽”，[99]“太祖淑勒贝勒复解所穿绵甲与巴尔太”，“时敌兵十人，太祖淑勒贝勒族弟旺善被敌压于地，跨其身，将以枪刺之，太祖一见，身无盔甲、绵甲”。[100] 这里的棉甲，应当就是前文棉甲等同布面甲的情况。

◀明代《帝鉴图说》局部，法国国家图书馆藏，可见身穿棉甲的士兵

袄衣

袄衣在明代使用非常普遍，从边疆普通士兵、服役劳力穿来御寒，到宫廷仪卫穿着袄衣护卫，再到赏赐大臣、国外使臣，可以说袄衣的使用范围很广。

《明史·舆服三》中记载了明代早期两种袄衣“鸳鸯战袄”和“袢袄”：“洪武元年（1368）令制衣，表里异色，谓之鸳鸯战袄，以新军号。”“凡袢袄，长齐膝，窄袖，内实以棉花。二十六年（1393），令骑士服对襟衣，便于乘马也。”[101] 这其中的提到袢袄又称作胖袄。《天工开物》记载了胖袄的制法和御寒效果：“古缊袍今俗名胖袄。棉花既弹化，相衣、衾格式而入装之。新装者附体轻暖，经年板紧，暖气渐无，取出弹化而重装之，其暖如故。”[102] 正是有着很好的效果，明廷才多次向寒冷的北方边疆提供此类袄衣。

▲蔚县真武庙复制的明代古城寺壁画，可见身穿战袄的随从，笔者摄

明初除了这两种袄衣，《明实录》还记载过“战袄”“五色文绮战衣”和“裙襖（袄）”：“（洪武二年五月）丙午，以战袄十一万给赐北平、山西、陕西戍守军士。”[103]“丁巳，复命各行省造五色文绮战衣一万领。”[104]“校尉服用交脚幞头，红绿辟邪兽团花裙襖（袄）。”[105]其中战袄应当是各类袄衣的统称，可能并不是特指某种袄衣，即既有普通的布衣、棉衣，也有各种皮革制成的军戎服饰；五色文绮的五色是哪五色，笔者尚未发现相关记载，文绮是一种比较好的面料，明初甚至禁止百姓穿绮，此类袄衣可能并非一般兵士所穿；辟邪兽团花裙袄是有辟邪兽和团花纹样的裙袄。

裙袄又称袄裙，这种服饰明代一般为女子所穿的上身袄衣下身百褶裙、马

▲《精镌合刻三国水浒全传》（二刻英雄谱）中身穿战袄或长衫的军士，明末建阳雄飞馆刊本，中国国家图书馆藏

◀《恩荣百纪图册》，明代汤焕、沈介绘，台阶两侧可见身穿袄衣的侍从，西泠印社 2024 春拍

面裙的服饰搭配。此处的校尉服饰可能是上身袄衣、下身战裙的穿法，或者是类似胖袄的一体式袄衣，袄衣下摆长及膝盖。类似的一体式袄衣在明初还有一种“拖地绵裙”：“将士攻城时，系拖地绵裙，或红或青绿，以其虚胖，箭不能入。”[106]从各种记载和描述看，明初的军用袄衣还是比较类似《蒙古袭来绘词》中蒙古人所穿的长而宽大的袄衣。由于时间接近，两者还是有比较明显的传承关系。

宣德年间，明廷规定了袄衣及配套裤装和鞋子的尺寸和用料标准：“每襖（袄）长四尺六寸，装绵花绒二斤。裤装棉花绒半斤，鞹鞋长九寸五分至一尺，或一尺二分。”[107]而袄衣的颜色，据《明会典》记载：“洪武九年（1376），令将作局造绵花战衣，用红、紫、青、黄四色。”[108]宣德年间规定：“今例造胖袄、裤用细密阔白绵布，染青、红、绿三色，俱要身袖宽长实以真正绵花绒。鞹鞋亦要密衲坚完。”[109]明初大将汤和也曾招募过“青襖军”，即一批身穿青色襖衣的军队。[110]总体来说，袄衣使用的颜色基本同布面甲一致。

▲明代《帝鉴图说》局部，可见身穿战袄和长衫的军士，法国国家图书馆藏

除了这种纯粹使用棉布的袄衣，明代还有一种使用复合材料的布甲，明代文献中一般称其为“缉甲”，有时也称为棉甲、绵纸甲等。这种布甲在使用棉布的同时，还会在衣服里填充纸张、生牛皮等材料，或者也有只混用纸张的情况。《明实录》记载了缉甲所需的材料：昌化绵纸、松江布疋、淮安牯皮。[111]废弃不用的布面甲可以直接拆除内衬的铁甲片，也可以改造成缉甲。这种复合材料制成的甲衣虽然防护性不如铁甲，但是优点在于轻便，适合南方地区或者步兵作

▲《蒙古袭来绘词》局部，日本宫内厅三之丸尚藏馆藏

战使用，戚继光的兵士就曾穿过这种甲衣同倭寇作战，《明实录》也记载明熹宗时期兵科都给事中蔡思充曾建言步兵使用绵楮甲，一种绵与树皮制成的复合布甲。[112]

《明实录》中记载明廷赠予将士战袄的记录非常多，如洪武五年（1372）十二月“赐濠、梁等卫军士六万九千九百四十八人绵布战袄”[113]，洪武七年（1374）春正月“壬申，命工部令太仓海运船负载战袄及袴各二万五千事，赐辽东军士”[114]，“乙亥，辽东卫镇抚张革入奏边务，命赐文琦、绵战袄、罗布衣各一袭，及织金文琦衣二袭”[115]。

帝王仪卫也有穿袄衣者，如《明实录》记载：“惟驾前旗手一卫用黄旗，军士、力士俱红胖襖。”[116]“襖”同袄，力士是明代皇室仪卫的一种，专领金鼓旗帜、随驾出入及守卫四门等事，隶属于旗手卫。此外，也有服劳役的工匠受赐战袄的记录。[117]李梦阳的《送李帅之云中》亦有“槽头马鸣士饭饱，昔无完衣今绣袄”的诗句。[118]可以说，袄衣的赠予范围非常大：下到普通兵士、服役百姓，上到巡抚，都可受赠袄衣，而且袄衣既可作为布甲穿着，也可作为一般单纯的保暖服装使用。不过普通兵士的袄衣存在着不合身的现象。洪武年间，山西布政使华克勤曾上疏，称大同蔚、朔诸州“岁造军士战袄俱令民间缝制，散给军士，长短不称，往往又令改制，徒费工力”[119]。

▲《三省备边图记》中身穿战袄或长衫的军士，明万历时期刊本，中国国家图书馆藏

旗牌官形象

A15

▶ 身穿直身旗牌官形象推测图，该形象绘制参考了《祁岳事迹图》中的旗牌官形象

▲《祁岳事迹图》中旗牌官大帽推测图

▼《祁岳事迹图》中直身后视推测图，直身形似长袄，主要区别在于前者两侧开衩处外接双摆

这名旗牌官头戴大帽，身穿蓝色直身，胸前用红色丝绦系有圆形令牌，令牌为红色，牌头为荷叶状。他的右手持有蓝色令旗，令旗枪尖下有红缨。

身穿战裙军士随从形象

这名军士头戴毡帽，其上有帽顶；身上穿有青色交领、窄袖直身，腰系白色束带，带上有弓袋、箭袋。下半身在布袍外穿有黄色战裙，分为左右两幅，脚上穿靴。明代直身与道袍相似，宽大而长，宋代就已出现，元代禅僧也穿此衣，为一般士人所穿。明初，太祖制民庶章服用青布直身。[120]

▶《平番得胜图》中军士随从毡帽推测图

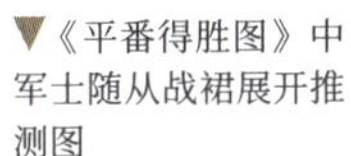

▼《平番得胜图》中军士随从战裙展开推测图

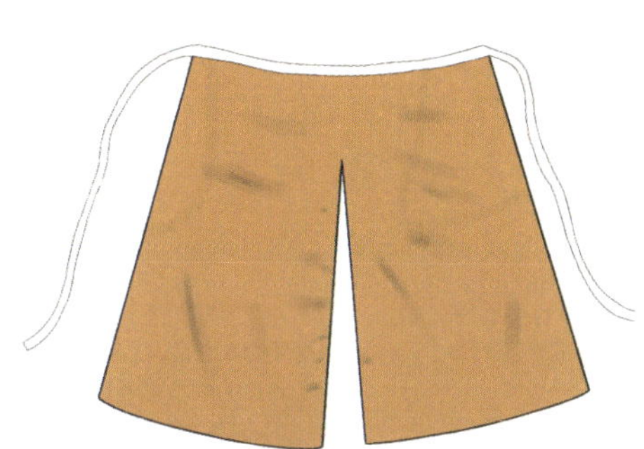

◀《平番得胜图》中的军士随从，中国国家博物馆藏，笔者摄

▲《平番得胜图》中身穿直身、战裙军士随从形象推测图

头戴毡笠军士随从形象

A17

◀ 身穿直身、头戴毡笠军士随从形象推测图，该形象绘制参考了《平番得胜图》中的头戴毡帽军士随从形象

这名军士头戴红色毡笠，毡笠帽檐微微卷曲，左右各插雉尾。

▲《平番得胜图》中军士毡笠推测图

▶《平番得胜图》中身穿直身的军士随从，中国国家博物馆藏，笔者摄

小贴士

除了雉尾，明代还有军人戴以鹅毛为装饰的“鹅帽”：“其执事校尉每人鹅帽、只孙衣、铜带、靴履鞋一副。”[121]

雉尾

雉尾，也称翎子，即雉鸡的鸡尾，雉鸡也称锦鸡，就是通俗所说的野鸡。雉尾早在先秦时期就作为祭祀舞蹈的器具出现了。在汉代，军士就有在武冠上插雉尾的记载："加双鹖尾，竖左右，为鹖冠云。""鹖，勇雉也，其斗对一死乃止，故赵武灵王以表武士，秦施之焉。"[122]可以看出，雉尾很早就用来表达勇武之义。

到了明代，因为雉鸡所象征的刚正不阿、忠心耿耿的形象，军士已经比较广泛地采用雉尾作为装饰，仅《说岳全传》中就多次出现其身影："头戴一顶金镶鼻盔，金光闪烁；旁插两根雉鸡尾，左右飘分。"[123]"头戴束发紫金冠，两根雉鸡尾左右分开。"[124]"吉青打至中间，望见牛皮帐中坐着一人，面如黄土，双龙闹珠皮冠，雉尾高飘，身穿一件大红猩猩战袍，满口鲜血，身材长大。"[125]虽然《说岳全传》成书于清代，但其底本是自宋代以降民间说书人的话本，并且是在明代说岳通俗小说的基础上著成的，因而《说岳全传》服饰的描写依旧是宋、明形制的。

身穿贴里执刀刽子手形象

A18

▶ 身穿贴里执刀刽子手形象推测图，该形象绘制参考了《平番得胜图》

这名刽子手随从头戴软帽，形制有些类似衙门隶卒所戴平顶巾，两侧插有雉尾，也有可能在头顶簪花。他可能身上穿一件红色贴里，胸前写有“刽子”二字，腰部系束带。

▲《平番得胜图》中的刽子手形象，中国国家博物馆藏，笔者摄

身穿号衣兵士形象

A19

▶ 身穿号衣兵士形象推测图，该形象根据北京延庆区永宁古城明代火神庙壁画内容绘制

▲ 火神庙壁画中号衣兵士头盔侧视推测图

▲ 火神庙壁画中号衣兵士头盔正视推测图

这名兵士戴一顶钵形铁盔，上有红色盔缨。铁盔的下方围有顿项，顿项里可能缀有甲片。在身上，他穿一件号衣，“号衣”即在大袖布衣之上罩一件背心，背心正前方或后方中央绣一个“兵”或“勇”字，相似的明代号衣还可见于明人绘制的《太平抗倭图》以及《剿贼图记》图版等。这种服饰被清朝所继承，并成为其标志性的军服之一。

小贴士

永宁古城火神庙建于明宣德五年（1430），殿内正殿原塑有火德真君罗宣和五部神将。该庙是一座明代军队用来祭祀战神的庙，因而墙壁上绘制了许多当时战争的场面，其中东西整个墙壁绘制了超过一百个人物，尤其是明军的服饰，是研究明代实战军服不可多得的原始历史资料。[126]

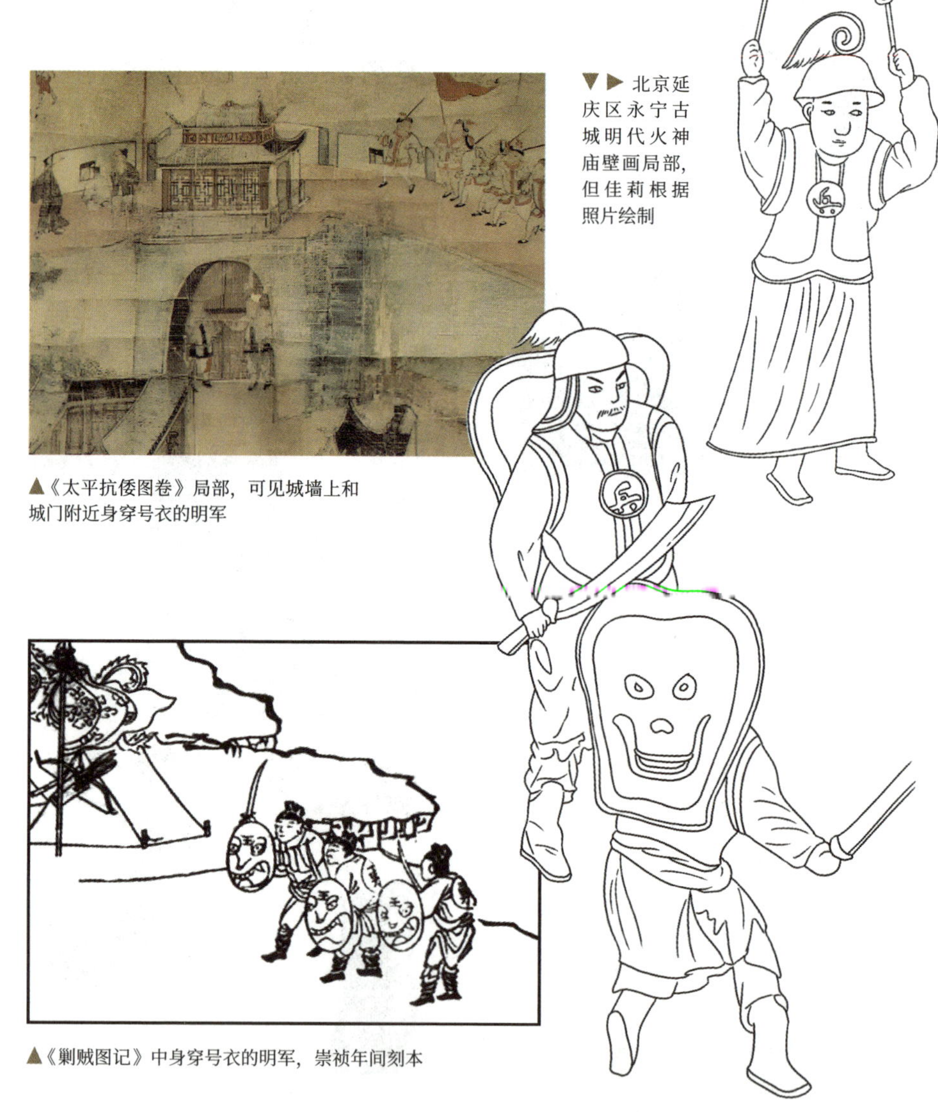

▼▶ 北京延庆区永宁古城明代火神庙壁画局部，但佳莉根据照片绘制

▲《太平抗倭图卷》局部，可见城墙上和城门附近身穿号衣的明军

▲《剿贼图记》中身穿号衣的明军，崇祯年间刻本

身穿羊皮裘军士形象

A20

这名兵士腰部绑一条帛带，下身穿一条棉裤，小腿上打有绑腿，脚上则穿履。

羊皮裘分为两种：羔羊皮和老羊皮，前者价格贵，而后者价格低贱。明代以前，羔羊皮只有士大夫穿，到了明代，西北的地方官也穿上讲究的羔羊皮。而老羊皮做的皮衣很重，因此是穷人和一般兵士穿的。[127] 不过二者形制基本一致，只有材质和做工粗细的差别。

羊裘

▶ 身穿羊皮裘军士形象推测图，该形象皮裘外形形制参考《三才图会》羔裘图版绘制，头部毡笠参考《平番得胜图》绘制

◀《三才图会》中的羔裘图版，槐荫草堂藏版

小贴士

《三才图会》中的羔裘图记载："羔裘，君纯羔，大夫以豹饰。祛褎、祛褎，皆袂也。然袂大而祛袖小。"羔裘属于皮裘的一种，据《天工开物》记载："凡取兽皮制服统名曰裘。"也就是说，"裘"是用兽皮做成的衣服，明代也有不少朝廷赏赐边疆将士皮裘的记录。同样据《天工开物》记载，最贵重的皮裘有貂皮、狐皮，最便宜的有羊皮、麂皮，价格千差万别。

身穿狐裘将校形象

▼身穿狐裘将校形象推测图，该形象绘制参考了《三才图会》中的狐裘图图版

狐裘

这名将校身穿白狐狐裘，头戴大帽，狐裘下穿曳撒，双脚穿靴。

据《天工开物》记载，在明代狐皮与貂皮是最名贵的一类皮裘。明代时狐狸主要出没在河北、山东、辽宁和河南等地。纯白色的狐狸腋下皮毛制成的皮裘价钱与貂皮差不多，黄褐色的狐皮价钱则只是貂皮的五分之一，御寒保暖的功效也比貂皮差些。关外产出的狐皮，皮板是青黑色的，内地的狐皮则是白色的，明时以这种方法来区分狐皮的优劣。[128]

▲《三才图会》中的狐裘图图版，槐荫草堂藏版

▲身穿皮裘的明军在长城巡逻场景推测图，笔者绘

A22

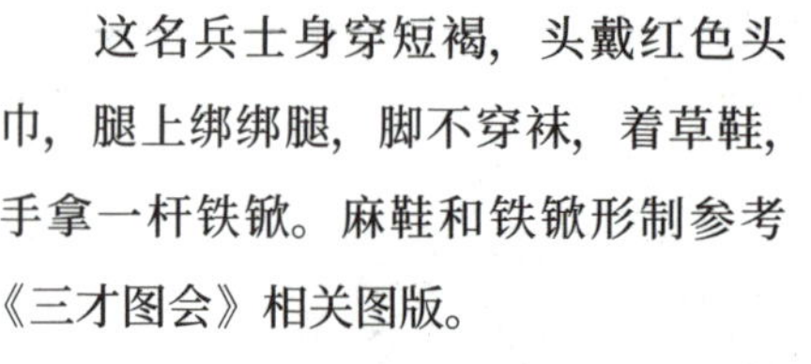

这名兵士身穿短褐，头戴红色头巾，腿上绑绑腿，脚不穿袜，着草鞋，手拿一杆铁锨。麻鞋和铁锨形制参考《三才图会》相关图版。

▶《武备志》身穿布衣的武人图版，清初莲溪草堂本

身穿褐衣兵士形象

短褐

草鞋

▶ 身穿褐衣的兵士形象推测图，该形象绘制参考了《南都繁会图》中的务农农民形象

短褐

短褐，又称褐衣、布衣，即百姓所穿的粗布衣服，短褐多为文人使用的称呼。[129] 明代卫所兵士除作战、戍守、训练之外，还有一个重要的职能，那就是从事生产和劳作。在从事这些工作时，兵士所穿服装与普通劳动百姓无异。此外，在无负重的军事训练中，兵士也可以穿着此类服装，在明代古籍图版和画作中，身穿普通布衣的兵士形象很常见。

▲《孔子圣迹图》局部，图中可见许多身穿布衣、袍肚的兵士，布衣本质就是不塞棉花的袄衣，明版彩绘绢本，孔子博物院藏

▲《三省备边图记》中身穿战袄的军士，明万历时期刊本，中国国家图书馆藏

注释

1. 陈子龙，等:《明经世文编》，中华书局，1962 年，575 页。
2. 刘永华:《中国古代军戎服饰》，清华大学出版社，2016 年。
3. 利玛窦:《利玛窦札记》，中华书局，2010 年，13 页。
4. 宋应星:《天工开物》，中国画报出版社，2013 年，52 页。
5. 何汝宾:《兵录》，崇祯五年序刊本，卷六，5 页。
6. 张廷玉:《明史》，中华书局，1974 年，1620 页。
7. 孙继宗，等:《明英宗实录》，台湾“中央研究院”历史语言研究所校印，1962 年，3488 页。
8. 杨士奇，等:《明宣宗实录》，台湾“中央研究院”历史语言研究所校印，1962 年，238 页。
9. 孙继宗，等:《明英宗实录》，台湾“中央研究院”历史语言研究所校印，1962 年，3792 页。
10. 申时行:《明会典》，中华书局，1988 年，970 页。
11. 何士晋:《工部厂库须知》，人民出版社，2013 年，235 页。
12. 申时行:《明会典》，中华书局，1988 年，970 页。
13. 茅元仪:《武备志》，清初莲溪草堂本，卷一百五,二十七、二十八页。
14. 宋应星:《天工开物》，中国画报出版社，2013 年，152 页。
15. 杨宽:《中国古代冶铁技术发展史（外三种）》，上海人民出版社，2019 年，6 页。
16. 同上，206、207 页。
17. 同上，266 页。
18. 孙继宗，等:《明英宗实录》，台湾“中央研究院”历史语言研究所校印，1962 年，3802 页。
19. 马文升:《为成造坚利甲兵以防虏患事疏》，《明经世文编》，中华书局，1962 年，543 页。
20. 宋应星:《天工开物》，中国画报出版社，2013 年，156 页。
21. 杨宽:《中国古代冶铁技术发展史（外三种）》，上海人民出版社，2019 年，309、310 页。
22. 吕坤:《摘陈边计民艰疏》，《明经世文编》，中华书局，1962 年，4508 页。
23. 戚继光:《练兵实纪》，中华书局，2001 年，274 页。
24. 朱国祯:《涌幢小品》，中华书局，1959 年，267 页。
25. 秦纮:《献战车疏》，《明经世文编》，中华书局，1962 年，575 页。
26. 宋应昌:《经略复国要编》，浙江大学出版社，2020 年，203 页。
27. 同上，206 页。
28. 黄仁宇:《万历十五年》，中华书局，2018 年，157 页。
29. 胡松:《答翟中丞边事对》，《明经世文编》，中华书局，1962 年，2594 页。
30.Mike Loades：*The Longbow*, Osprey Publishing，2013 年，11 页。

31. 盖瑞·恩伯顿:《欧洲中世纪战衣》，枫树林出版事业有限公司，2015 年，70、71 页。
32. 祁美琴，强光美:《满文《满洲实录》译编》，中国人民大学出版社，2015 年，287 页。
33. 戚继光:《纪效新书》，葛业文译注，中华书局，2017 年，39 页。
34. 戚继光:《练兵实纪》，中华书局，2001 年，19、20 页。
35. 同上，20、21、22、23 页。
36. 张辅，等:《明太宗实录》，台湾“中央研究院”历史语言研究所校印，1962 年，1745 页。
37. 茅元仪:《武备志》，清初莲溪草堂本，一百五卷，十四页。
38. 刘永华:《中国古代军戎服饰》，清华大学出版社，2016 年，269 页。
39. 袁于令:《隋史遗文》，中华书局，1996 年，92 页。
40. 刘永华:《中国古代军戎服饰》，清华大学出版社，2016 年，268 页。
41. 解缙，等:《明太祖实录》，台湾“中央研究院”历史语言研究所校印，1962 年，3214 页。
42. 朱尔旦:《万历朝鲜战争全史》，民主与建设出版社，2020 年，201 页。
43. 同上。
44. 袁于令:《隋史遗文》，中华书局，1996 年，90 页。
45. 无名氏:《说唐》，中华书局，1996 年，32 页。
46. 申时行，等:《明会典》，中华书局，1988 年，394 页。
47. 林希元:《上巡按二司防倭揭帖》,《明经世文编》，中华书局，1962 年，1679 页。
48. 克鲁士:《中国志》,《十六世纪中国南部纪行》，C.R. 博客舍编注，何高济译，中华书局，2019 年，179 页。
49. 撷芳主人:《大明衣冠图志》，北京大学出版社，2016 年，252 页。
50. 文震亨:《长物志》,《四库全书本》，卷九,四页。
51. 庆之金:《蔚州志》，光绪三年（1877）本，卷十五,六页。
52. 孙世芳、乐尚约:《宣府镇志》，嘉靖四十年(1561)刊本，成文出版有限公司，1970 年，320 页。
53. 孙世芳、乐尚约:《宣府镇志》，嘉靖四十年(1561)刊本，成文出版有限公司，1970 年，325 页。
54. 解缙，等:《明太祖实录》，台湾“中央研究院”历史语言研究所校印，1962 年，1404 页。
55. 无名氏:《说唐》，中华书局，1996 年，73、74 页。
56. 王圻，王思义:《三才图会》，上海古籍出版社，2019 年，1505 页。
57. 撷芳主人:《大明衣冠图志》，北京大学出版社，2016 年，248 页。
58. 袁于令:《隋史遗文》，中华书局，1996 年，119 页。
59. 凌濛初:《初刻拍案惊奇》，北方文艺出版社，2013 年，30 页。
60. 马文升:《为大修武备以豫防虏患事疏》,《明经世文编》，中华书局，1962 年，541 页。

61. 魏时亮:《议处兵戎要务疏》,《明经世文编》，中华书局，1962 年，3993 页。
62. 岳珂:《愧郯录》，中华书局，2016 年，176 页。
63. 撷芳主人:《大明衣冠图志》，北京大学出版社，2016 年，224 页。
64. 何士晋:《工部厂库须知》，人民出版社，2013 年，230、231 页。
65. 钱彩:《说岳全传》，中华书局，2009 年，62 页。
66. 申时行，等:《明会典》，中华书局，1988 年，978 页。
67. 同上。
68. 同上，972 页。
69. 张廷玉:《明史》，中华书局，1974 年，1638 页。
70. 张忠民:《“南京棉”与“南京布”小考》,《历史教学》1986 年第 8 期，59 页。
71. 陈继儒:《(崇祯)松江府志》，书目文献出版社，1991 年，145 页。
72. 同上，186 页。
73. 宋应星:《天工开物》，中国画报出版社，2013 年，52 页。
74. 张廷玉，等:《明史》，中华书局，1976 年，1650 页。
75. 宋应星:《天工开物》，中国画报出版社，2013 年，62 页。
76. 羊春秋:《明诗三百首》，东方出版中心，2020 年，191 页。
77. 何士晋:《工部厂库须知》，人民出版社，2013 年，230-232 页。
78. 撷芳主人:《大明衣冠图志》，北京大学出版社，2016 年，226 页。
79. 陆锡兴:《明梁庄王墓帽顶之研究——兼论元明时代大帽和帽顶》,《南方文物》2012 年第 4 期，96 页。
80. 撷芳主人:《大明衣冠图志》，北京大学出版社，2016 年，286 页。
81. 陆锡兴:《明梁庄王墓帽顶之研究——兼论元明时代大帽和帽顶》,《南方文物》2012 年第 4 期，97 页。
82. 田艺蘅:《留青日札》，浙江古籍出版社，2012 年，334 页。
83. 申时行，等:《明会典》，中华书局，1988 年，970 页。
84. 许仲琳:《封神演义》，中国画报出版社，2013 年，596 页。
85. 王圻，王思义:《三才图会》，上海古籍出版社，2019 年，1504 页。
86. 戚继光:《纪效新书》，葛业文译注，中华书局，2017 年，29 页。
87. 严从简:《殊域周咨录》，中华书局，1993 年，179、180 页。
88. 戚继光:《纪效新书》，葛业文译注，中华书局，2017 年，32、33 页。
89. 何汝宾:《兵录》，崇祯五年（1632）刊本，卷一，九页。

90. 戚继光:《练兵实纪》，中华书局，2001 年，186 页。

91. 何汝宾:《兵录》，崇祯三年（1630）刊本，卷三,一页。

92. 戚继光:《练兵实纪》，中华书局，2001 年，93 页。

93. 同上。

94. 拉达:《记大明的中国事情》,《十六世纪中国南部纪行》，C.R. 博客舍编注，何高济译，中华书局，2019 年，225 页。

95. 李民寏:《建州闻见录》,《清入关前史料选辑（第三辑）》，中国人民大学出版社，1991 年，479 页。

96. 宋濂，等:《元史》，中华书局，1976 年，1940 页。

97. 郑大郁:《经国雄略》，商务印书馆，2019 年，766 页。

98. 佚名:《崇祯实录》，台湾“中央研究院”历史语言研究所校印，1967 年，491 页。

99. 祁美琴，强光美:《满文<满洲实录>译编》，中国人民大学出版社，2015 年，58 页。

100. 同上，68 页。

101. 张廷玉:《明史》，中华书局，1974 年，1655 页。

102. 宋应星:《天工开物》，中国画报出版社，2013 年，55 页。

103. 解缙，等:《明太祖实录》，台湾“中央研究院”历史语言研究所校印，1962 年，831 页。

104. 同上，833 页。

105. 同上，1475 页。

106. 刘辰:《国初事迹》，中华书局，1993 年，12 页。

107. 申时行:《明会典》，中华书局，1988 年，978 页。

108. 同上。

109. 同上。

110. 解缙，等:《明太祖实录》，台湾“中央研究院”历史语言研究所校印，1962 年，3488 页。

111. 朱纯臣，等:《明熹宗实录》，台湾“中央研究院”历史语言研究所校印，1962 年，1534 页。

112. 同上，998 页。

113. 解缙，等:《明太祖实录》，台湾“中央研究院”历史语言研究所校印，1962 年，1409 页。

114. 同上，1544 页。

115. 同上，1546 页。

116. 同上，2902 页。

117. 张辅，等:《明太宗实录》，台湾“中央研究院”历史语言研究所校印，1962 年，1125 页。

118. 羊春秋:《明诗三百首》，东方出版中心，2020 年，167 页。

119. 解缙，等:《明太祖实录》，台湾“中央研究院”历史语言研究所校印，1962年，1983页。

120. 周锡保:《中国古代服饰史》，中国戏剧出版社，1984年，381页。

121. 杨士奇，等:《明宣宗实录》，台湾“中央研究院”历史语言研究所校印，1962年，133页。

122. 范晔:《后汉书》，中华书局，2007年，1044页。

123. 钱彩:《说岳全传》，中华书局，2009年，85页。

124. 同上，111页。

125. 同上，196页。

126. 范学新:《明代长城沿线的战争题材壁画——延庆永宁和平街明代火神庙战争题材壁画初探》,《中国长城博物馆》2010年第1期，2、10页。

127. 宋应星:《天工开物》，中国画报出版社，2013年，57、58页。

128. 同上，57页。

129. 撷芳主人:《大明衣冠图志》，北京大学出版社，2016年，318页。

第二章

札甲

山川搜伏虏，
铠甲被重犀。

渊源

先秦时期我国就已出现札甲的身影。先秦时期的甲胄，古代文献已常有记载，如《周礼》“犀甲七属，兕甲六属，合甲五属”，[1] 这些甲都属于“札甲”。

札甲，又名“甲札”，因甲身上的每一块甲片较长，类似竹、木牍片的书札，所以得名。《周礼》记载中的“属”字指的是甲扎的续数，也即排数，“属，谓上旅、下旅之中皆有扎续之数，一叶为一札。上古以革为甲坚者，其札长，故其属少；革之次者，其札短，故其属

◀先秦复原皮革札甲，军事博物馆藏，笔者摄

多。此其所以有七属、六属、五属之异也。”[2] 七属就是七排，以此类推。

> **小贴士**
>
> 制造皮甲对犀牛皮旺盛的需求使得犀牛成为被大量猎杀的对象，这也成为我国野生犀牛分布区在春秋时期之后以大约每年半公里的速度向西南退缩的重要原因。[4]

材质

先秦时的札甲以犀牛皮等坚固的皮革为主要原材料，譬如湖北随县擂鼓墩一号墓曾出土多副战国时期皮制札甲，这些皮甲既有人使用的战甲，也有战马使用的马甲。[3] 除了皮革，先秦时期也有少量札甲采用青铜、铁为原材料进行编缀，不过受限于沉重的重量、高昂的成本和当时技术的限制，青铜和铁制札甲在先秦时期并不普及。

札甲发展到明代，随着炼铁技术的进步，主流札甲的甲片已由铁甲片替代了原先的皮革甲片。明代札甲所用材质，《工部厂库须知》修补明盔、明甲的条目未

▼明《倭寇图卷》局部，可见身穿札甲的骑马将校，日本东京大学史料编纂所藏

▲吴忠墓出土明代铁甲片，南京博物馆藏

提及，应当也是熟健铁和熔解的报废兵器。不过皮制札甲依旧活跃在明朝的舞台上，弘治年间明廷还曾下令“令南方卫所铁甲改用水牛皮造”[5]，使用精纯皮革制成的铠甲不仅更加轻便，而且坚硬程度也不比铁甲差太多。[6]

明代冶铁业能够有较大的发展同民营冶铁业的发展是息息相关的。明初，由于继承元代官营冶铁业的局面，冶铁业还是以官营为主，但由于生产率很低，自洪武二十八年（1395）明太祖“诏罢各处铁冶，令民得自采炼，而岁给课程，每三十分取其二”，民营冶铁业逐渐多起来并占据主导。遵化铁厂是明代主要的官营冶铁基地，政府制造的军器所需铁就取自该厂。遵化铁厂使用的是一种名为“大鉴炉”的高炉，也有人称之为“大竖炉”，这种炉仅在正德四年（1509）就开设十座，共炼生铁四十八万六千斤。[7]

形制

形制上，明代札甲同宋代基本上没有什么大的变化，防护最完整的札甲依旧由披膊、身甲两部分组成，其中身甲的胸甲、腹甲、腿裙和鹘尾是连成一体的，展开时可以形成一个平面，背面则可分成左右两片，中间用纽扣或布带束扣，胸甲上缘由两根肩带以连接背面。这种札甲的展开平面图于宋代的《武经总要》以及明代的《武备志》图版均可见。

不过相较宋代札甲，明代札甲的不同主要体现在部分札甲的甲片更加宽大。从西藏阿里古格故城采集的宋代至明代甲片实物看，明代的甲片要略大。[8] 更加宽大的甲片节省了制作札甲的时间和成本，但铠甲的贴身程度和受冷兵器击打的韧性都有下降，所以将校或是精锐部队依然有人选择成本更加高昂、但甲片较小，穿着更舒适的札甲。如前文所述，这同明朝当时火器发展，战争环境产生了变化是息息相关的，制作更加容易、对火器防御更好的布面甲因而逐渐在明军占据主流。

明代札甲所用甲片数量，据《明会典》记载:“(洪武)十六年(1383)，令造甲每副领叶三十片，身叶三百九片，分心叶十七片，肢窠叶二十片，俱用石灰淹里，软熟皮穿。”[9] 此种记载的札甲甲片数量较少，可能为明初普通兵士穿着的齐腰式札甲，或者类似北京十三陵定陵出土的帝王用齐腰札甲。根

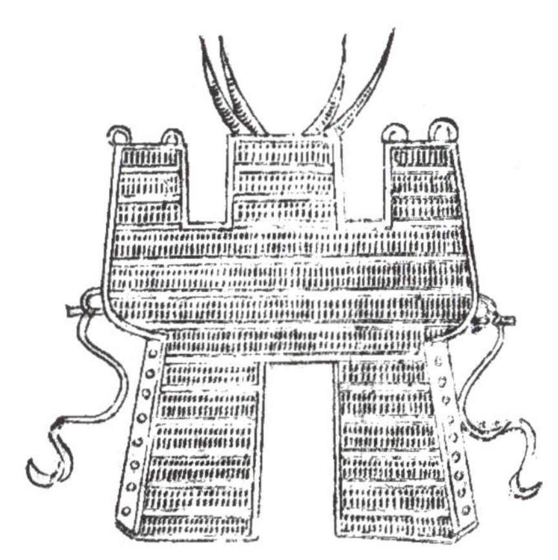

▲《武备志》中的明代札甲图版，清初莲溪草堂本

▲明代铁甲片，最大者长 12.5 厘米，宽 1.9 厘米；最小者长 7 厘米、宽 1.8 厘米，山东博物馆藏，笔者摄

▲《临宋人画册》册页之《三顾茅庐》，明代仇英绘，上海博物馆藏，从画作中，一定程度上可以看出宋明札甲的传承关系

据广州出土的明代札甲残片，其共计有甲片一千零八十八片，一般是通过上下两端以及中腰两侧的开孔，按照一定的连缀方式组成横排。其横向编排叠压的方式向左、向右兼而有之，进而再分别利用甲片上部和中部居中的开孔完成各横排间的纵向连接，以下排压上排的方式，形成可以上下伸缩的结构。[10] 类似的甲片叠压方式可见九眼楼长城景区文化展厅内的一副明代复原札甲。

此外，部分明代的札甲也采用了“摆锡”的工艺，来代替水磨，譬如《明史》就记载永乐年间规定皇帝的仪仗需“摆锡明甲一百副”[11]。明宣宗祭祀时也规定仪仗队使用摆锡明甲。[12] 摆锡工艺，是将熬化的锡锭，筛出极细的锡粉，再均匀地洒在刷有熟骨胶的器物上，然后用玻璃珠和竹刀压光，最后用锡面兑一点水银擦拭。[13] 通过摆锡的工艺，铠甲可以更快地达到甲身光亮的效果。《明史》有记载："顷之，诏趣造盔甲数百万。忱计明盔浴铁工多，令且沃锡，数日毕办。"[14] 另外，锡还有防锈的功能。《明实录》中提到过广东的布面甲甲叶镀锡，应当是为了减缓铁甲片在南方潮湿多雨的环境中生锈的速度。[15] 除了铁制和皮制札甲，部分札甲也采用铜为原材料，比如《登坛必究》中记载的"水磨齐腰铜甲""水磨柳叶铜甲"[16]。

明甲和暗甲

根据《涌幢小品》的分类，甲可分为两类：明盔和衬盔。[17] 明盔又被称作"明甲"，即甲片暴露于外的铠甲；衬盔又被称为"暗甲"，通常像布面甲一样将甲片衬于布衣之下。

明甲缺点

相较于布面甲这种暗甲，札甲一类的明甲保养更加不易，被时人批评为"最费而无用者无如明盔甲"[18]。《工部厂库须知》特别强调明甲的保养："京营盛贮明盔甲、臂手，以防浥烂锈蠹，诚不可缺。"[19]《摘陈边计民艰疏》提到军士为了保养明甲，不得不将甲叶片片拆开进行刮洗，如此数日甲叶才看起来像新的，然后还要再找人将甲衣串联起来。如此保养一次，一月的口粮收入就花完了，一旦遇到雨雾天气，则甲叶又生锈。[20]《登坛必究》也记载铁器需要半个月进行一次打磨，平常需要遮蔽风雨。[21]

随着火器的发展，明甲外露的明晃晃甲片在夜间作战时也加大了被敌军发现的风险。在"靖难之役"的白沟河一战中，李景隆军中身穿明甲的军士就因己方火器发射时甲片的反光而被敌军发现。[23]

小贴士

打磨光亮的明甲又被称为"水磨明甲"，如《明实录》就记载有："（洪武十六年十一月）乙酉命广西、浙江、福建、湖广、江西、广东六布政使司各造水磨明甲一千，松江、常州、苏州、池州、淮安、安庆、庐州七府各造一百。"[22]《明会典》也有"水磨柳叶钢甲""水磨齐腰钢甲"。

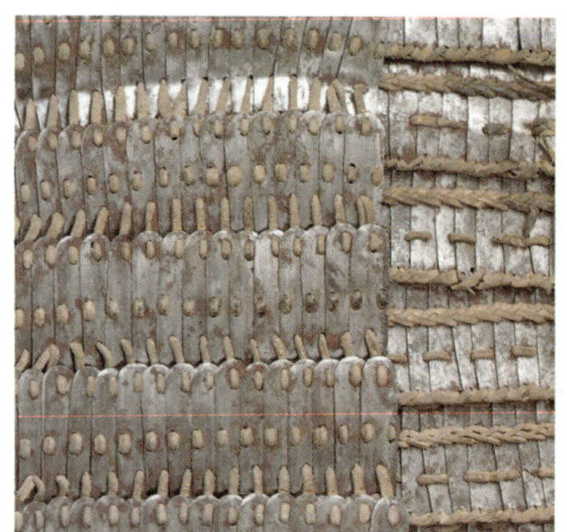

▲大约十六、十七世纪藏族札甲甲衣正反面细节，大都会艺术博物馆藏

明甲优点

尽管存在种种缺陷，但札甲一类的明甲在阳光照耀下有衣甲鲜明的特点，对敌人有相当的威慑力，也是一种军人身份地位的象征。《武略神机边防形胜图说》在给不同兵种穿铠甲分类时就认为，步兵应当穿藤甲、纸甲、绵甲，而更加精锐的骑兵应当穿铁甲、铁臂手，脸上戴铁面具。[24]因而在明代将校和帝王侍卫中依然流行这种铠甲，这也是为何《倭寇图卷》《出警入跸图》《平番得胜图》等明人图绘中很多将校、帝王仪卫选择穿札甲。

▲北京定陵札甲复原品，定陵博物馆藏，笔者摄

▲《出警入跸图》中身穿札甲的仪卫，台北故宫博物院藏

同时，制造精良的札甲依然对冷兵器有着优越的防护性能。葡萄牙耶稣会士弗洛伊斯在其著作《日本史》中就曾称赞援朝的明军："他们身着厚薄适中的、钢铁制成的铠甲，佩戴着钢铁打造的护膝。就算他们骑在马上，铠甲也能垂到足边。由于他们的身体被这些制作精良且强韧的铠甲所覆盖，所以就算用优良的日本刀枪也无法给他们造成丝毫伤害。"同时他也称明军的头盔是"上等的钢铁制头盔"。[25]

▲明代甲片复制品，军事博物馆藏，笔者摄

串联札甲的绳索

串联札甲所用绳索，明初既有线也有皮革："俱用石灰淹里软熟皮穿"，"浙江沿海并广东卫所用黑漆铁叶，绵索穿"。[26]似乎皮革串联的札甲更易穿着和保养，因而明廷下令部分地区更换串甲的绳索为皮绳。根据《明实录》的记载："陕西之甲其数甚广，宜差人往视。若有此等即令修整。其线穿者悉易以皮，庶便壮士之用。"[27]《宣府镇志》也曾记载，洪武四年（1371），"其军装中素用绵穿甲者，应

易以皮”。[28] 除皮、绵，名贵串联织物据《工部厂库须知》记载，为潞绸、丝绒一类，其价格远超一般棉布。如红潞绸，据《工部厂库须知》记载，每匹长三丈六尺，阔一尺八寸，而一匹棉布体长三丈二尺，阔一尺八寸，两者体量基本相当。但一匹红潞绸价格为二两六钱，而一匹棉布为仅为三钱。[29] 精美的织物即彰显了将校的身份地位，也增大了保养的难度。

▲ 明代札甲复原品，九眼楼长城文化展厅陈列，笔者摄

▲ 明代札甲复原品，九眼楼长城文化展厅陈列，笔者摄

▲两件皮制札甲，中国国家博物馆藏，笔者摄。据《岐阳世家文物考述》《岐阳世家文物图像册》记载为“明代犀甲”，李文忠遗物，但实际可能为晚明皮甲。两件皮甲外观呈梯形，形制相似。甲片为皮胎，外髹黑漆，漆上撒有螺钿粉末，以丝绦穿缀。两件皮甲上均有以金漆描绘而成的纹样，中部开光，内填五爪正龙纹，边缘处为缠枝花卉纹饰带

将校形象

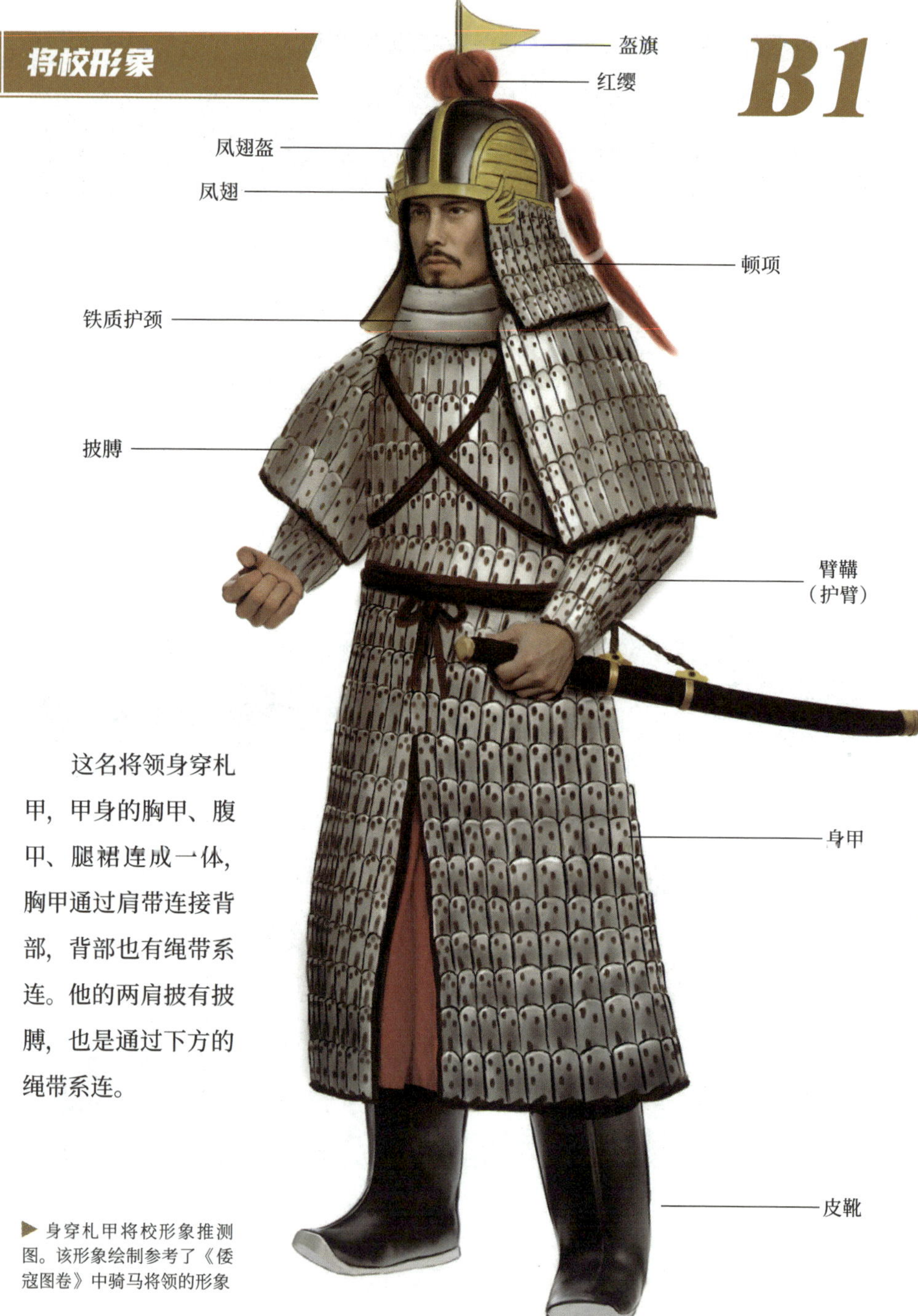

这名将领身穿札甲，甲身的胸甲、腹甲、腿裙连成一体，胸甲通过肩带连接背部，背部也有绳带系连。他的两肩披有披膊，也是通过下方的绳带系连。

▶ 身穿札甲将校形象推测图。该形象绘制参考了《倭寇图卷》中骑马将领的形象

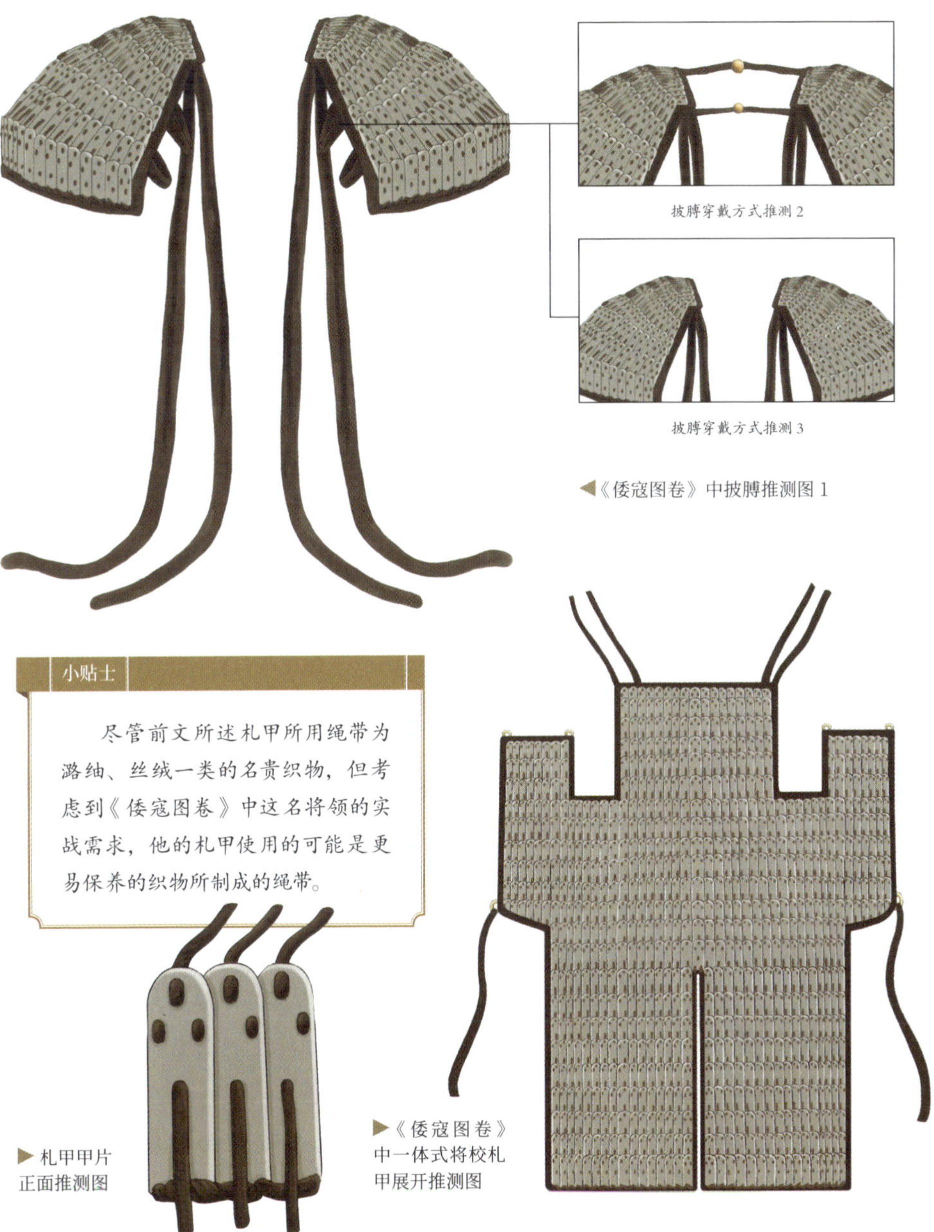

◀《倭寇图卷》中披膊推测图 1

小贴士

尽管前文所述札甲所用绳带为潞绸、丝绒一类的名贵织物，但考虑到《倭寇图卷》中这名将领的实战需求，他的札甲使用的可能是更易保养的织物所制成的绳带。

▶札甲甲片正面推测图

▶《倭寇图卷》中一体式将校札甲展开推测图

甲片的串联及其推测图参考了西藏自治区博物馆藏清代藏甲、大都会艺术博物馆藏藏甲，展开推测图参考了《武备志》中的札甲图版。

▲明代《倭寇图卷》局部，日本东京大学史料编纂所藏

◀《御制外戚事鉴》图版，图中骑马及跌倒者身穿札甲，明宣德时期彩绘本，东洋文库藏

通常来说，札甲所使用的甲片越多，甲身的韧性越好，穿戴也相对更舒适，同样制造的成本也越高，工时也越长。据《武编前集》记载："熟铁出福建、温州等处。"[30]那么像《倭寇图卷》中所处的南方地区，制作札甲所需熟铁应当是不缺乏原材料来源的。其实，明代冶铁业的发展除了前文所说民营冶铁业的发展，还由于南方冶铁业的迅速成长。当然，这和这期间南方社会经济的较快发展是分不开的。[31]事实上，明代各地所产生的铁也以南方的较为优良。当时广东、福建一带生产的生铁，品质所以优良，首先是由于冶铁技术比较先进，其次是由于使用铁矿石和作为渗碳

▲ 上两图:《上林图卷》中身穿札甲的兵士，弗里尔美术馆藏

剂、燃料的木炭质量都较好。当时冶炼广铁所用矿石，主要是广东云浮的沼铁矿及褐铁矿。[32]

从相关学者复原的广州出土札甲来看，同《倭寇图卷》将校所穿札甲形制较为接近，因而上千片甲叶的数量也应当接近《倭寇图卷》将校用札甲的真实情况。类似的札甲在明人绘制的《上林图卷》中也出现了，可以看到两者将校所穿的甲衣是高度相似的，甚至胸背都绘制了披膊的交叉束带。除了这种披膊式的札甲，明代还有一种类似汉代的短袖式札甲，如《御制外戚事鉴》中绘制的札甲，这种札甲对腋部的保护更好。

凤翅盔

▲《倭寇图卷》凤翅盔正视、侧视、后视推测图

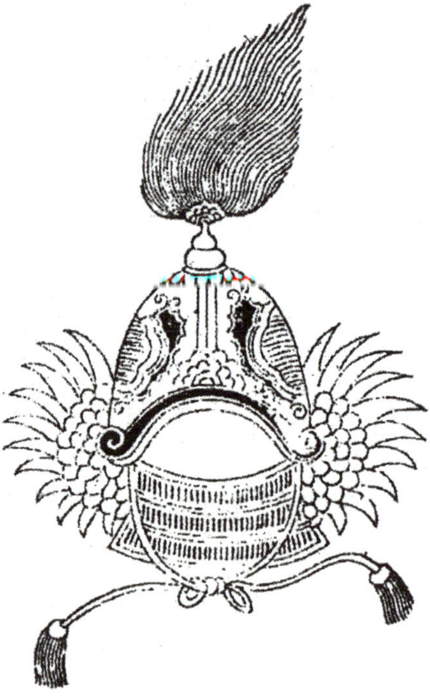

▲《武备志》中的铁盔图版，清初莲溪草堂本

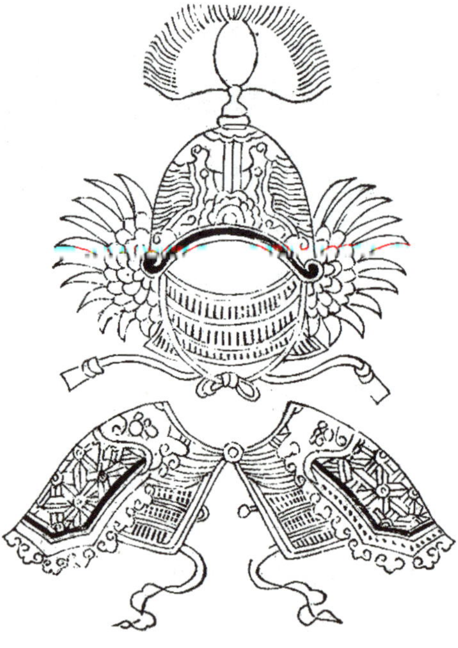

▲《武经总要》中的凤翅盔图版，明万历二十七年刊本

《倭寇图卷》中的普通士兵在头部简单扎了一个头巾，并没有什么防御作用，但图卷中的将校佩戴了铁盔。明代铁盔从出土实物及《武备志》等明代军事典籍的图版看，其式样有传承自宋代的，也有传承自元代的，而《倭寇图卷》中骑马将校佩戴的铁盔属于前者。

这种铁盔呈钵形，顿项上缀有甲片，其编缀方式、所用铁甲叶以及原材料应当同身上的札甲相同，铁盔上还有红缨并插有盔旗。值得注意的是，画面左侧行军的明军中，骑马将校簇拥着一名行走在最前端的高级将领，其兜鍪与众人的又有不同。图卷中可以很清晰地看出其兜鍪两侧有翅膀形状的装饰，这是典型的凤翅盔。

凤翅盔，因兜鍪两侧有凤翅形的装饰而得名："左右有珥似翅故曰凤翅。"[33] 根据出土的陶俑看，中国传统兜鍪至唐代开始出现顿项向上翻起的情况：有的整个向上翻起，有的向两

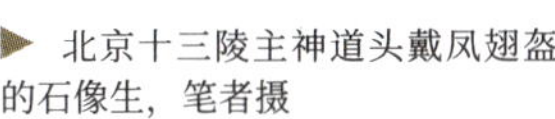

▶ 北京十三陵主神道头戴凤翅盔的石像生，笔者摄

侧斜向翻卷。但此时的唐盔形制还不同于后世的凤翅盔。到了宋代，开始大量出现凤翅盔的身影。成书于北宋庆历四年（1044）的《武经总要》，是我国古代军事史上重要的军事百科全书，是研究宋代甲胄形制的第一手资料。《武经总要》中

▲《新刻四民便览万书萃锦》，可见头戴凤翅盔的将校，明万历詹我林刊本

▲《水浒全传》，可见“霹雳火”秦明和“小李广”花荣头戴凤翅盔，金阊映雪草堂藏版，明刻清补刊本

▲《百咏图谱》，可见两位头戴凤翅盔的将校，明万历二十六年安正堂刘双松刊本

▲明代《倭寇图卷》中头戴凤翅盔的将领，日本东京大学史料编纂所藏

收录了一幅兜鍪图版是明显的凤翅盔形制。此时的凤翅盔顿项分叉开始增多、变细，其形制开始定型，此后几乎没有变化。

《明会典》《弘治间定军器鞍辔二局每年一造》条目中收录了抹金凤翅盔，可见其早已成为明代军队中的制式装备。[34] 作为一种造型精美的头盔，凤翅盔比较广泛地应用于明代高级将领及各类帝王仪卫的装备中。如台北故宫博物院藏《出警入跸图》中的锦衣卫校尉就多佩戴凤翅盔；又如中国国家博物馆藏《平番得胜图》中的高级将领也有头戴凤翅盔者，而《倭寇图卷》的情况属于后者。明代小说中也经常出现凤翅盔的身影，譬如："凤翅盔，黄金重；柳叶甲红袍控。"[35]"凤翅金盔，鱼鳞银铠，面如月满，身若山凝。"[36]"却说厉公头带冲天凤翅盔，身披蟠龙红锦战袍，腰悬宝剑，手提方天大戟，乘着金叶包裹的戎辂。"[37]

臂鞲

除了兜鍪、身甲、披膊，这名将校的手臂上还佩戴了臂鞲。臂鞲，又作臂褠，有的学者也称护臂。起初，臂鞲是防止使用弓时，弓弦回弹击伤持弓者内侧近手腕处手臂的护具。新疆吐鲁番盆地鄯善县洋海墓地出土过皮质臂鞲，同时出土的还有复合弓，说明早在公元前十世纪到公元前八世纪我国就已经出现臂鞲了，而中原地区使用臂鞲的时间应不晚于西周晚期。

先秦时期有不少的玉质臂鞲，

小贴士

《诗经·小雅·车攻》中有描述：“决拾既次，弓矢既调”，其中的“拾”就是臂鞲。

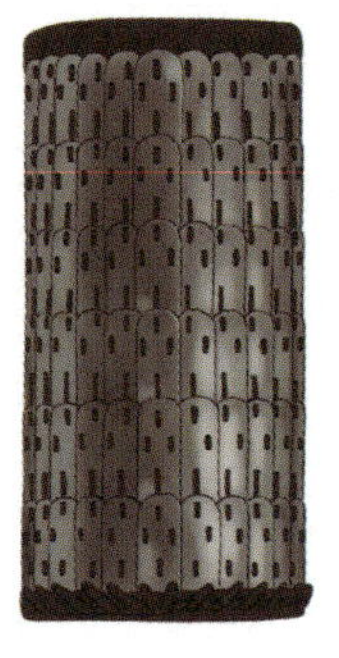

▲《倭寇图卷》中将校臂鞲推测正视推测图

▲《倭寇图卷》中将校臂鞲推测后视推测图

▲《天书记》中身穿札甲的卫士，明万历时期环翠堂乐府初行本

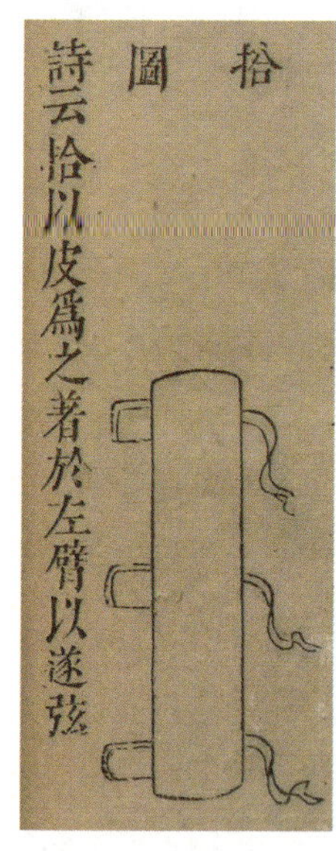

拾圖

詩云拾以皮爲之著於左臂以遂弦

▲《三才图会》中“拾”的图版，槐荫草堂藏版

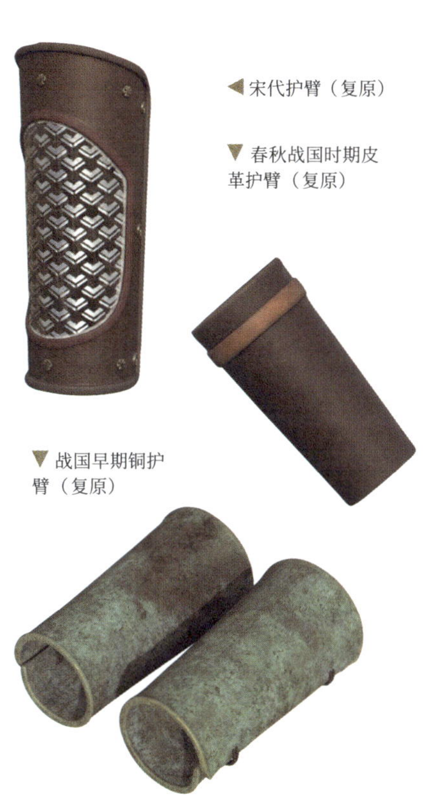

◀宋代护臂（复原）

▼春秋战国时期皮革护臂（复原）

▼战国早期铜护臂（复原）

秦汉时，因为先秦射礼的式微和弩的日益盛行，玉质臂鞲消失，硬质臂鞲减少。从秦汉到明朝，射手所用臂鞲大多为软体材料。[38]尽管硬质臂鞲减少，但明代身穿札甲的将校、仪卫和部分士兵，通常还是会佩戴硬质臂鞲，除了不受弓弦回弹的伤害，还在一定程度上保护手臂不受其他兵器的伤害。实战用硬质臂鞲通常同札甲类似，用甲片进行编缀，而仪卫的臂鞲比较华丽。

▼《宝宁寺明代水陆画》中《大将军黄幡豹尾白虎金神青羊乌鸡众》局部身穿札甲、手戴臂鞲形象，山西博物院编

▲《宝宁寺明代水陆画》中《往古文武官僚宰辅众》局部身穿札甲、手戴臂鞲形象，山西博物院编

▶ 身穿札甲将校率领部下于城门下抗倭场景推测图。与 B1 的将领不同，这名副官头戴一顶顿项由甲片编缀的铁盔，身穿的是分离式的札甲，其原型参考自《倭寇图卷》，笔者绘

▲ 大约使用于十六、十七世纪的藏族札甲，大都会艺术博物馆藏

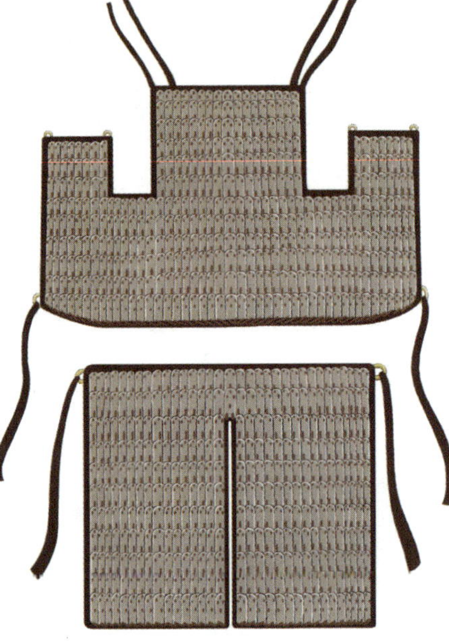

▲《倭寇图卷》中分体式将校札甲展开推测图

▲《倭寇图卷》中将校头盔正视推测图

王

▲《抗倭图卷》，明代佚名绘，中国国家博物馆藏

兵士形象

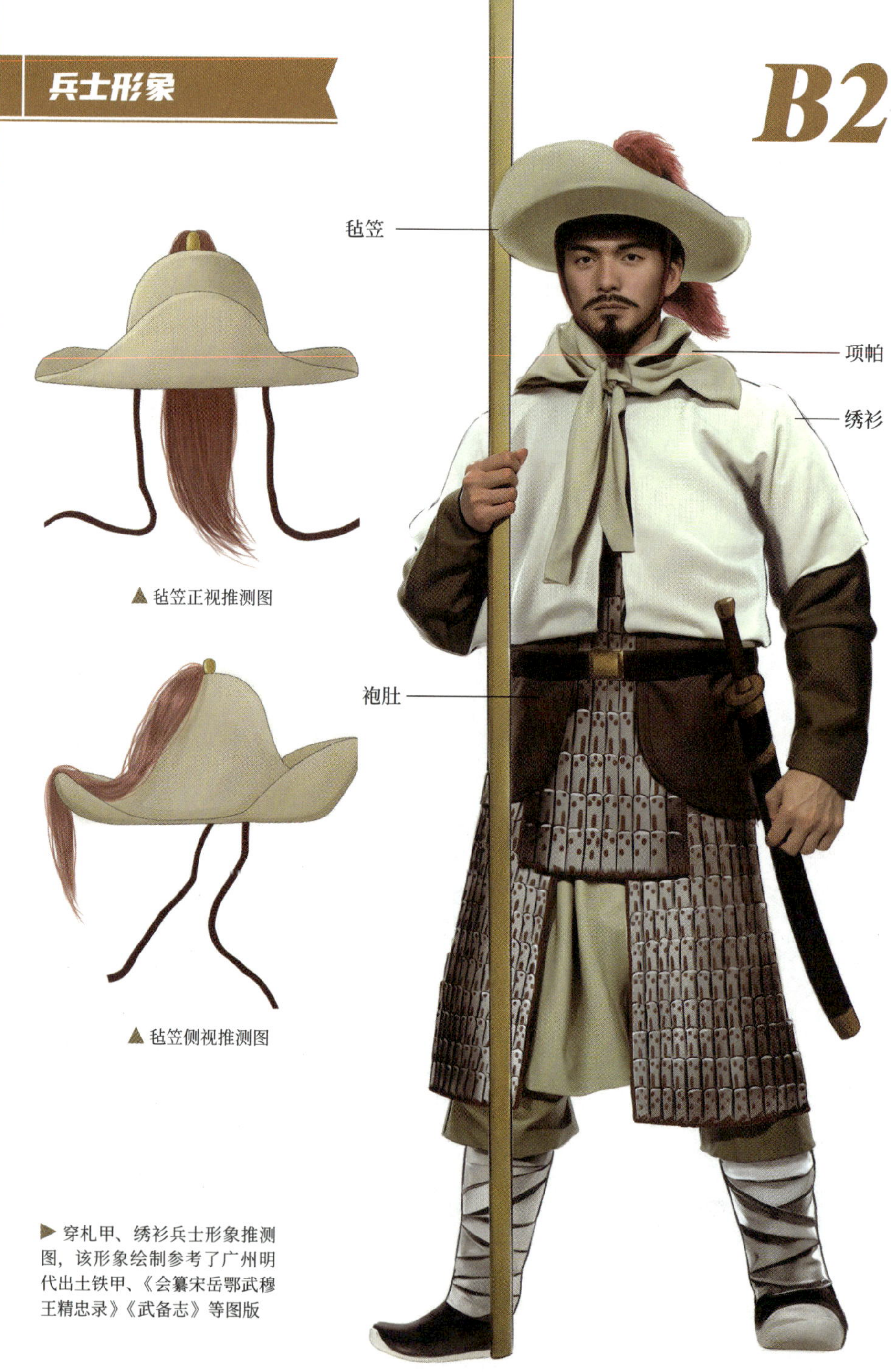

▲ 毡笠正视推测图

▲ 毡笠侧视推测图

▶ 穿札甲、绣衫兵士形象推测图，该形象绘制参考了广州明代出土铁甲、《会纂宋岳鄂武穆王精忠录》《武备志》等图版

兵士形象

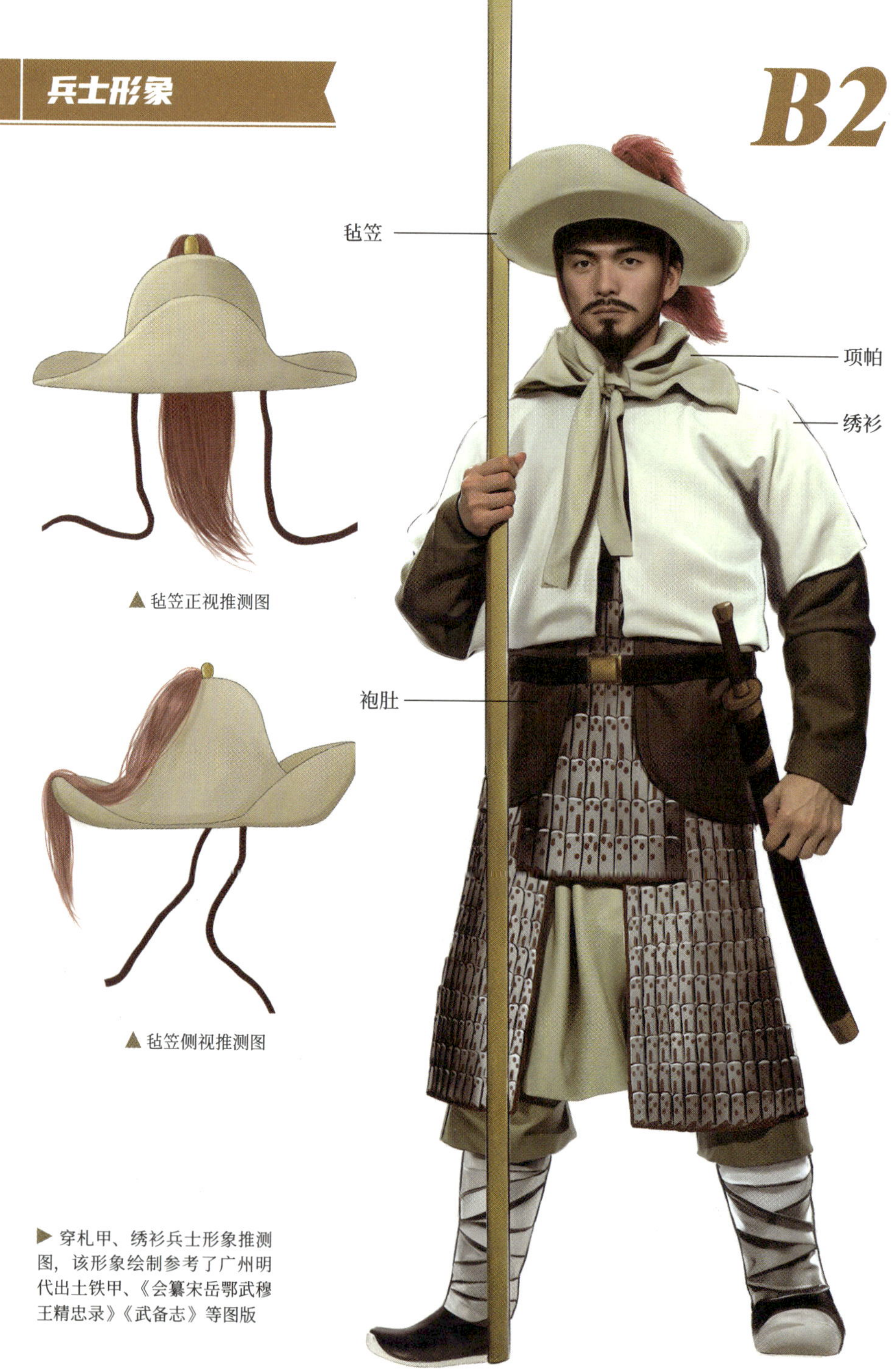

▲毡笠正视推测图

▲毡笠侧视推测图

▶穿札甲、绣衫兵士形象推测图，该形象绘制参考了广州明代出土铁甲、《会纂宋岳鄂武穆王精忠录》《武备志》等图版

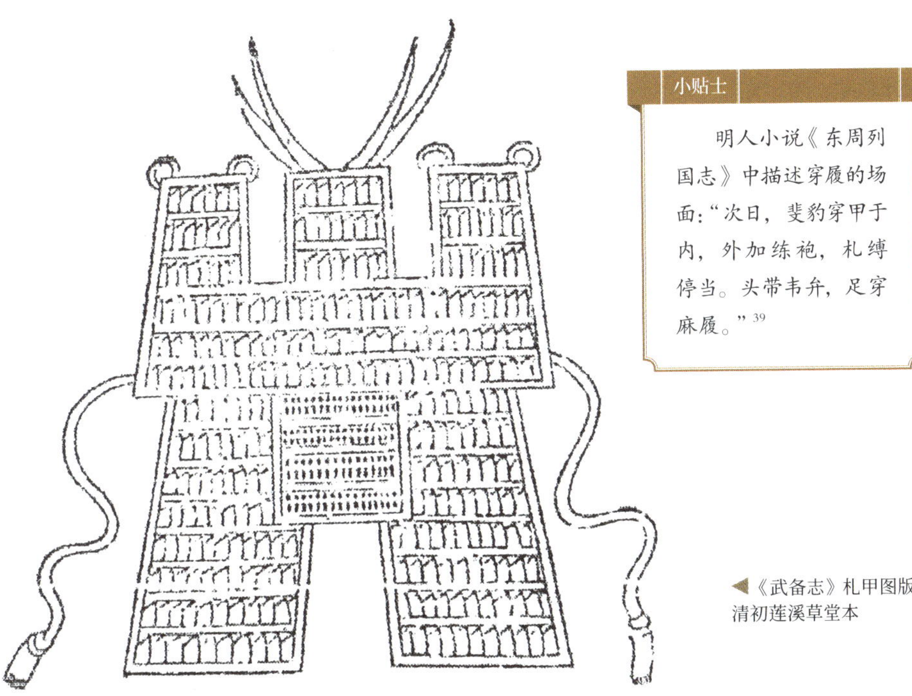

◀《武备志》札甲图版，清初莲溪草堂本

小贴士

明人小说《东周列国志》中描述穿履的场面："次日，斐豹穿甲于内，外加练袍，札缚停当。头带韦弁，足穿麻履。"[39]

这名兵士头戴毡笠，为一般普通士兵所佩戴，《明史》记载："（祝雄）为将三十年，布袍毡笠，不异卒伍。"[40]领部围项帕，上身最外层披绣衫，内穿札甲。在腰部，这名兵士系有"袍肚"，手上持长枪，腿部上打有绷带，脚穿步履，因为明代下级军士一般只穿履，而很少穿靴。[41]

▶《会纂宋岳鄂武穆王精忠录》图版中身穿札甲的兵士，朝鲜英祖四十五年芸阁铜活字刊本

绣衫

绣衫同样早在宋代就已普及，主要是为了防止甲片被暴晒后传导热量烫伤穿戴者。这种服饰形制类似“貉衫”，宽短袖、无扣，用衣襟下缘的垂带在胸前系结，在明代小说中也被称为“袖衫”：“皂罗辫儿锦扎梢，头戴方檐帽，穿领阔袖衫，坐个四人桥。”[42]

小贴士

克鲁士在《中国志》中曾有一段关于衷甲制的有趣记述：“第二座院子，沿着走廊，两边有许多下级老爷，头戴盔，有的涂金，有的涂银，腰悬刀剑，穿的是僧衣式样的袍或衫，上有金银扣纽，像是缀在甲上，但那是精致地缀在素绸上，仅用作美观装饰。”[43]这里的将校在铠甲外就穿了绣衫。

绣衫的后背上往往有绣纹，以区分各军。这种铠甲外穿绣衫的穿法被称为“衷甲制”，早在春秋时期就有相关文献记

▲《水浒全图》图版中的衷甲制，清光绪时期广东臧修堂刊本

▲ 明代《关羽擒将图》局部，可见关羽在铠甲外穿绣衫，故宫博物院藏

▲《上林图卷》局部，可见腰穿袍肚的侍卫，弗里尔美术馆藏

载："辛巳，将盟于宋西门之外，楚人衷甲。"[44] 在宋明绘画及书籍图版中经常出现衷甲制。明太祖朱元璋早年征战沙场时也曾采用如此穿法："上时衷甲，虽被创而无所伤。"[45]

袍肚

袍肚最早出现于唐代，在当时被称为"抱肚"，多为织物织造。从宋代开始，抱肚改称"袍肚"，袍肚在铠甲、袍服外都可以穿戴。袍肚有防止手臂同铁甲片摩擦从而被擦伤的作用，也可为腰腹部多增加一层防护。

▲ 明代《帝鉴图说》局部，法国国家图书馆藏，可见身穿袍肚的士兵

▼ 身穿两裆铠的明初火铳手场景推测图。他们头戴的铁盔可能是缴获或是仿制自元朝的铁盔，其中一名火铳手还穿了一件罩衫，笔者绘

▶ 蒙古式头盔推测图

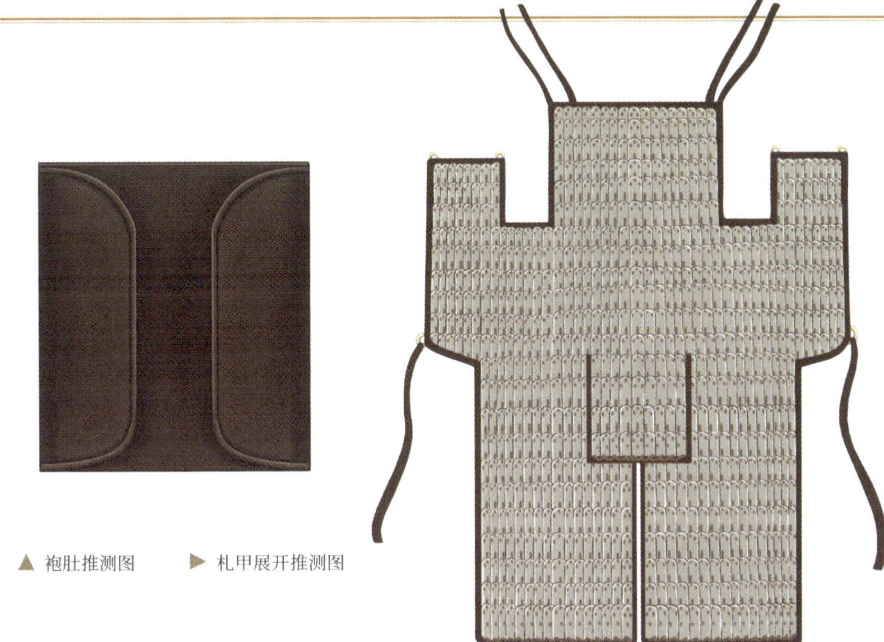

▲ 袍肚推测图　▶ 札甲展开推测图

▲ 明人绘《沂国公金朝兴像》局部，弗利尔美术馆藏，场景推测图中军士头戴类似铁盔

B3

▶ 常遇春墓石像生头盔正视、侧视、后视推测图

▲ 常遇春墓石像生札甲展开推测图

这名兵士头戴铁兜鍪，其样式可能属于凤翅盔一类。盔顶有红缨，头盔下围有顿项，顿项上缀有甲片。上半身，这名兵士身穿札甲，两肩有披膊，腰部束帛带。札甲下则穿贴里，腰部以下做褶，右手持腰刀，双脚穿靴。与常遇春墓石像生类似的明代甲衣还可见于《古今列女传》图版。据《明英宗实录》记载，明初太祖、成祖时期，明军“俱用红盔、黑甲”，也就是说头盔和身甲会分别漆成红色和黑色，至正统年间改成甲片原色的明盔、明甲。[46] 当然实际情况不会完全如此，但至少说明明初确实存在比较多的红盔和黑甲。

兵士形象

◀ 身穿札甲兵士形象推测图，该形象绘制参考了南京常遇春墓石像生，一定程度上反映了明初兵士的形象

▲ 南京常遇春墓石像生，笔者摄

▲《古今列女传》，明内府彩绘本

两裆铠兵士形象

B4

▼ 身穿两裆铠兵士形象推测图，该形象绘制参考了《宝宁寺明代水陆画》

▲ 两裆铠展开推测图

两裆铠

两裆铠又作“两当铠”“裲裆铠”，属于札甲的一种，早在东汉、魏晋时期就已出现，曹植在其《上先帝赐铠表》中就记录了两裆铠。[47] 汉末刘熙所著《释名》解释了两裆一词的含义：“裲裆，其一当胸，其一当背也。”[48] 南北朝时期，两裆铠也是一种重要的铠甲，当时南朝刘宋的官员孔琳之就建言要爱惜两裆铠：“昔事故之前，军器正用铠而已，至于袍襖两裆，必俟战阵，实在库藏，永无损毁。”“愚谓若侍卫所须，固不可废，其余则依旧用铠。小小使命送迎之属，止宜给仗，不烦铠襖。”[49]

两裆铠形制简单，通常只由前胸和后背两部分组成，肩部和腰部由带联结。在腰部还会束带，有时也会围有袍肚。在两裆铠下面，这名兵士身穿橘红色短袖衲袄，头戴札巾，下身穿裤，腿部打有绑腿，脚穿麻履，手拿长刀。明人画《孔明出山图》《二郎神搜山图》中，就有多个身穿两裆铠的人物形象出现。

▲ 宝宁寺明代水陆画《兵戈盗贼诸孤魂众》局部中身穿两裆铠的兵士，但佳莉根据照片绘制

▲ 明人画《孔明出山图》中身穿两裆铠的人物形象，上海博物馆藏

▲《二郎神搜山图》局部，美国波士顿美术馆藏

南北朝时士兵穿戴两裆铠通常会在其下穿一件“两裆衫”。“两裆衫”又称“两当衫”，用于防止铁甲磨损皮肤。这种衫长及膝，直领宽袖，形制类似两裆铠。《宋书》曾记载南朝宋将领薛安都脱掉铠甲，露出两裆衫奋战的场景：“乃脱兜鍪，解所带铠，唯著绛纳两当衫，马亦去居装，驰奔以入贼阵，猛气咆哮，所向无前，当其锋者，无不应刃而倒。”[50]

▲《临萧照中兴瑞应图卷》，明代仇英绘，可见穿两裆铠的军士，故宫博物院藏

▶《道子墨宝》图册，伪托唐代画圣吴道子作，可能绘制于宋代，一定程度可看出宋明两当铠的传承关系，美国克利夫兰美术馆藏

明神宗形象

镀金护法顶香草压缝六瓣明铁盔

金质真武大帝像

仰覆莲座

金质六甲神

金香草纹

金莲瓣纹

B5

▶ 身穿札甲明神宗形象推测图，该形象绘制参考了定陵出土的札甲、铁盔和织金锦

铁质贴金护心镜

织金寿字龙云肩通袖龙栏妆花缎衬褶袍

▲ 定陵出土铁盔复原品，定陵博物馆藏

明神宗万历皇帝头戴铁盔，重1690克，高17厘米，底径17.5至19厘米。[51] 根据其形制，并结合《明会典》的记载，铁盔应当为“镀金护法顶香草压缝六瓣明铁盔”[52]。该铁盔圆顶、宽平檐，盔顶由六块弧形铁板拼合而成，每块铁板的结合处以金香草纹样压缝，表面嵌有金质六甲神。在盔顶底部一圈金莲瓣纹，盔缘饰有珍珠四十五颗。[53] 盔顶顶部饰有束腰仰覆莲座，上坐金质真武大帝，像高9.8厘米，披发长髯，跣足，右手仗剑，左手捻诀，其上插盔缨。[54]

▲ 定陵札甲展开图，参考定陵博物馆复原品及《中国传统工艺全集：甲胄复原》绘制

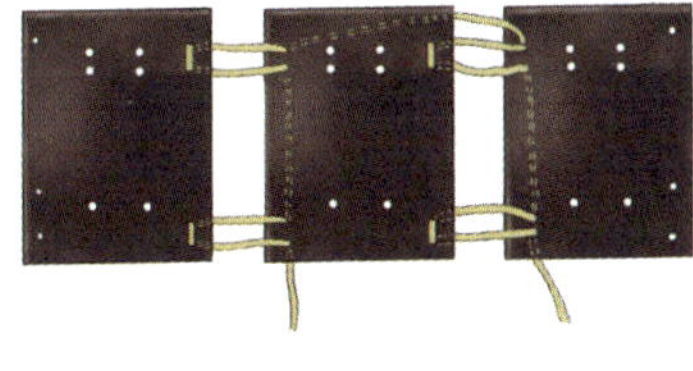

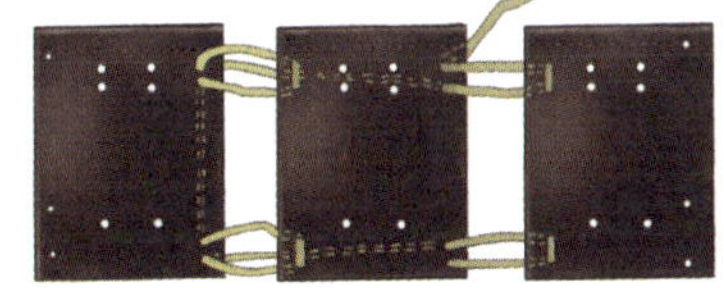

▶ 定陵札甲甲片前、后身横排编缀方法，参考《中国传统工艺全集：甲胄复原》绘制

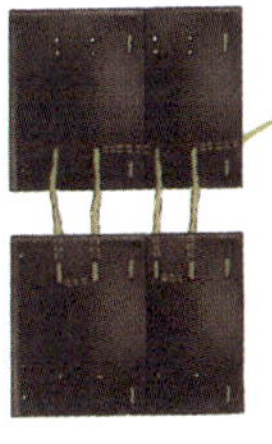

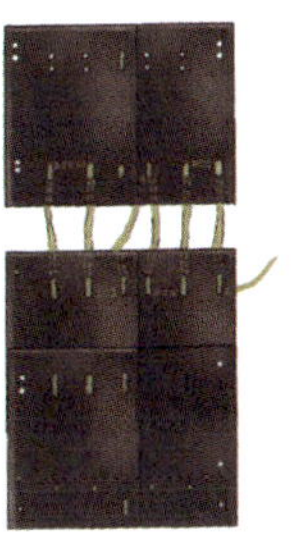

▲ 定陵札甲甲片前、后身及肩部纵排编缀方法，参考《中国传统工艺全集：甲胄复原》绘制

万历皇帝身上的这件札甲没有披膊，前襟对称，后襟为一整片，前身设有数对枣核形别扣用以穿用时开合，全身的甲片共计一百九十九片，用绒绦串接而成。此外，在胸口对称的各缀有一块护心镜，后背正中还有一块护心镜。前胸护心镜刻二武士像，装束与铁盔六甲神相似。后背刻五人像，居中为玄武帝君，其余四人因出土实物锈蚀而难以辨认，应当也是六甲形象。[55]

在札甲下，万历皇帝身穿织锦衣，双手持腰刀。这件织锦衣全称为“织金寿字龙云肩通袖龙栏妆花缎衬褶袍”，根据南京云锦研究所的复原品，织锦衣上仅寿字就多达 1045 个。[56]

喜相逢龙纹

合抱褶

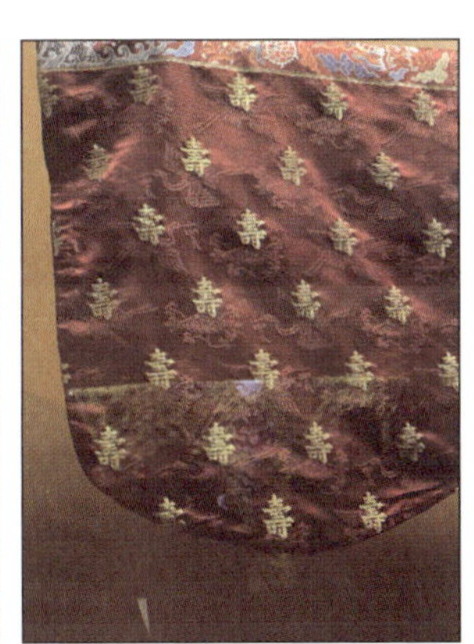

金“寿”字

◀ 织金寿字龙云肩通袖龙栏妆花缎衬褶袍复制品，明十三陵博物馆藏，笔者摄

军士随从形象

B6

▶ 身穿札甲的军士形象推测图，该形象绘制参考了《平番得胜图》

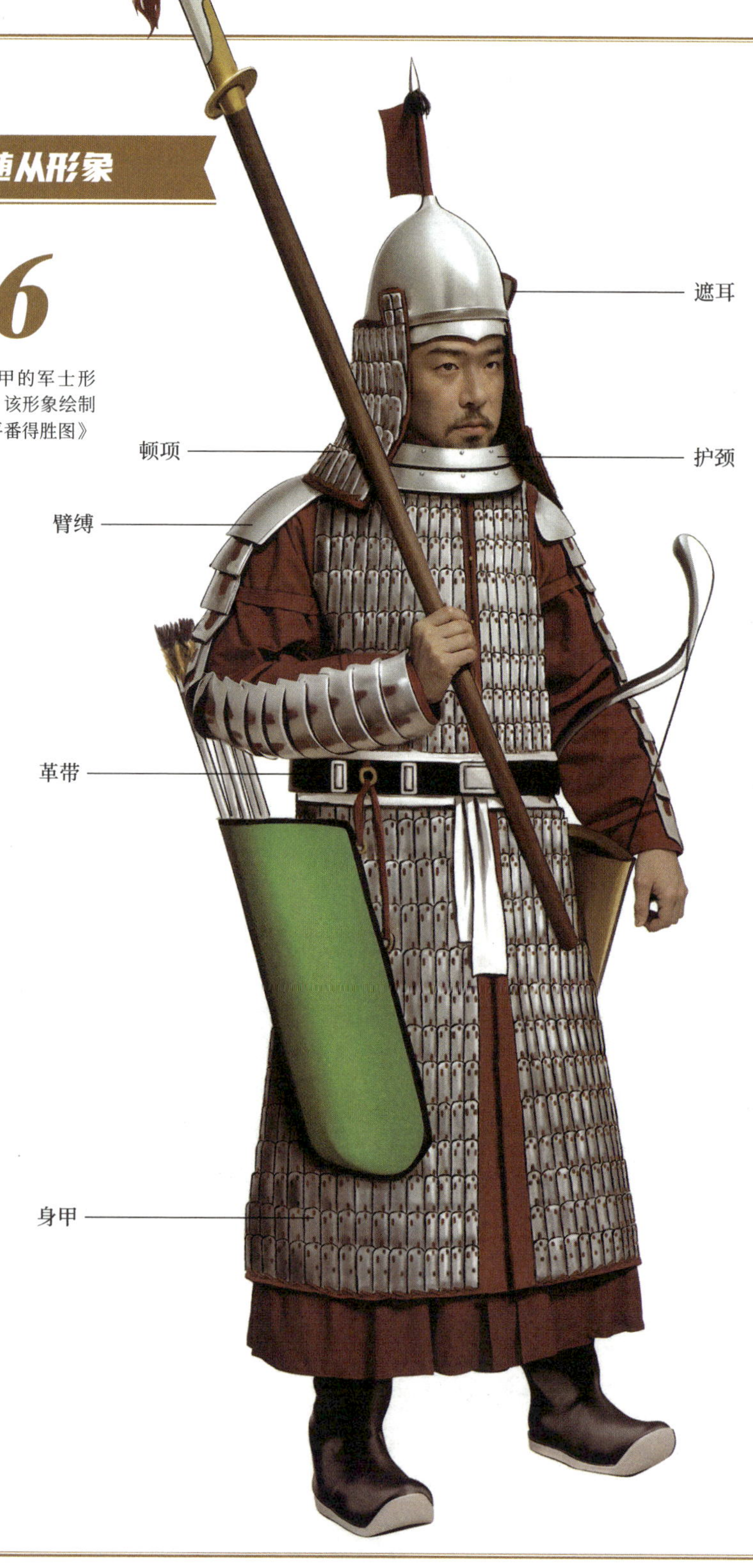

▲《平番得胜图》中札甲头盔正视、侧视、后视推测图

这名军士头戴铁盔，盔上有盔旗，旗上有黑色盔缨。盔顶下方三面有顿项，顿项缀有甲片，其上则有遮耳，遮耳上也缀有甲片。在军士的脖颈处有一圈护颈，护颈由上下两片弧形长铁片构成，可以保护穿戴者的脖子不受伤害。

这名军士身穿一件长身札甲，两臂佩戴着臂缚，右手手持长刀。从《平番得胜图》图上看，有的军士胸口有护心镜，有的则没有，这里绘制的形象属于后者。在腰上，他束着白色帛带，帛带上又系着一副革带，革带上挂着弓袋、箭袋各一。在脚上，这名军士穿着皮靴。

▲《平番得胜图》中身穿札甲的军士随从

旗牌官形象

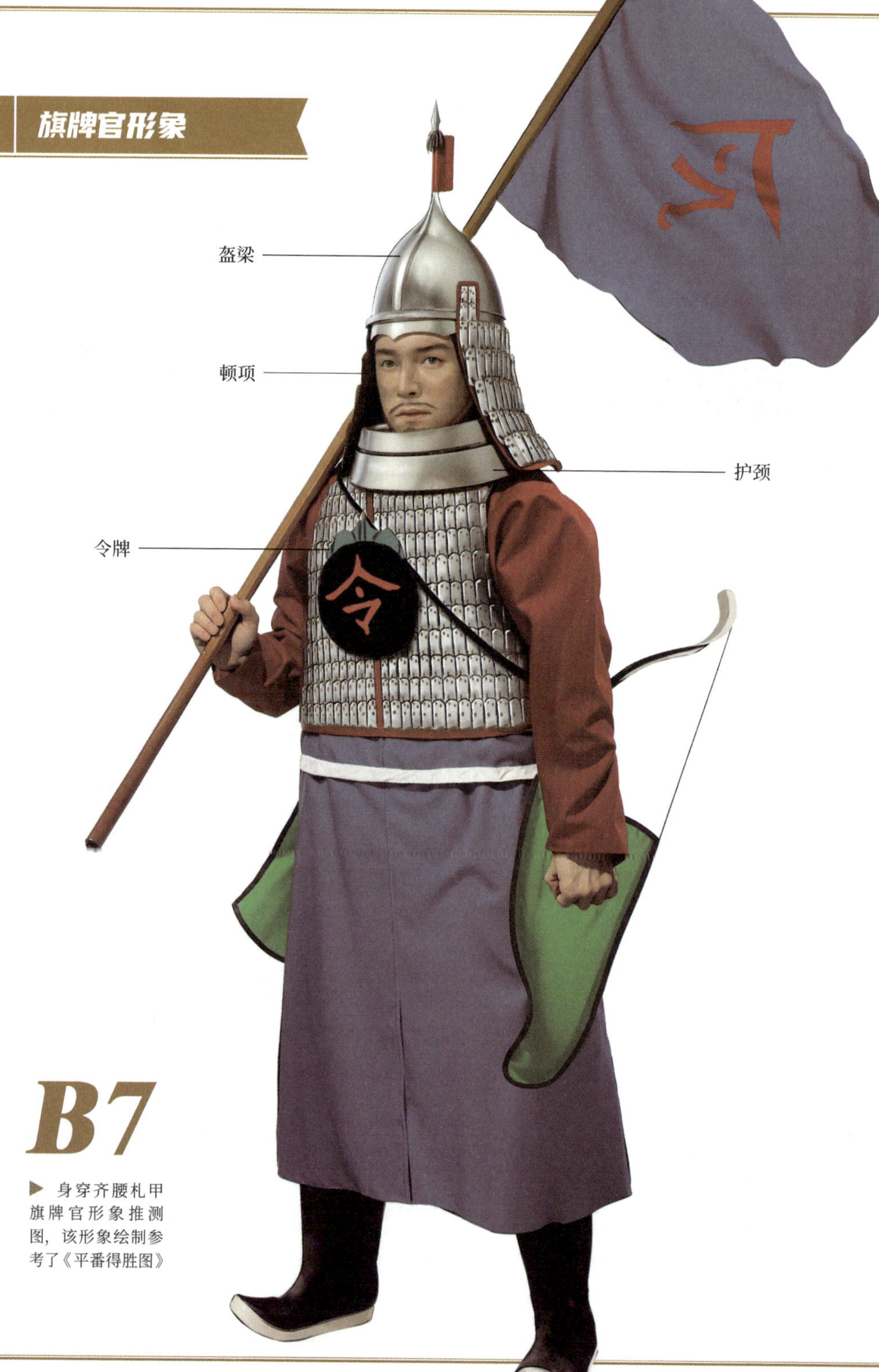

B7

▶ 身穿齐腰札甲旗牌官形象推测图，该形象绘制参考了《平番得胜图》

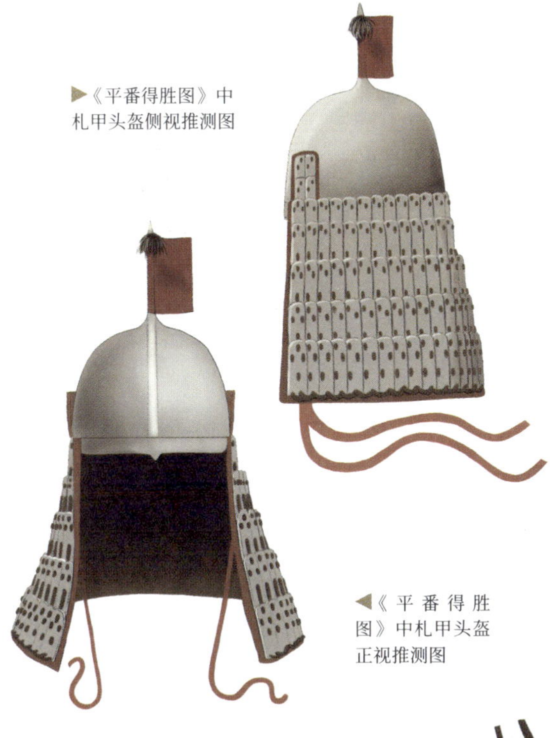

▶《平番得胜图》中札甲头盔侧视推测图

◀《平番得胜图》中札甲头盔正视推测图

这名旗牌官头戴铁盔，上有盔旗、盔缨，铁盔下围有顿项，顿项上缀有甲片和遮耳。在脖颈处，这名旗牌官佩戴有护颈。上身他穿有一件齐腰札甲，同时用黑色丝绦斜挂一块黑色令牌，上书红色“令”字，令牌上有蓝色荷叶。下身穿一件蓝色战裙，腰部系一条白色束带，上挂一件弓袋和一件箭袋。他手上持有蓝色令旗，脚上穿靴。

◀《平番得胜图》中身穿齐腰札甲旗牌官

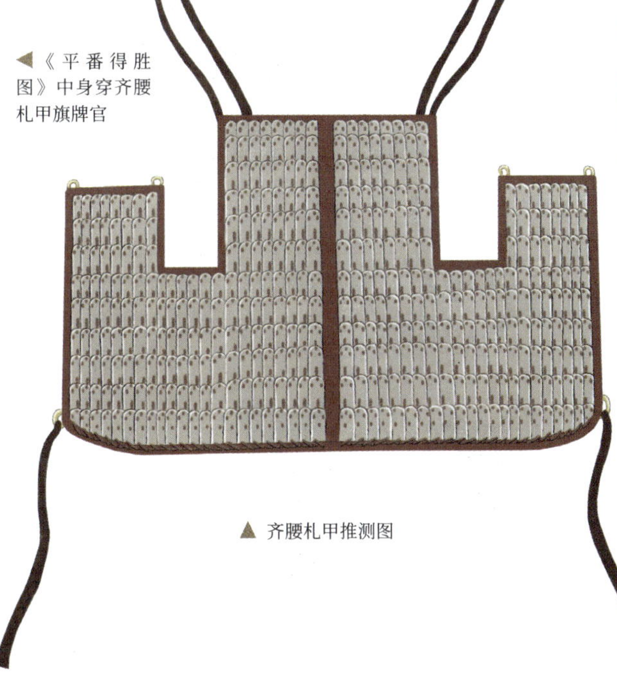

▲ 齐腰札甲推测图

军士形象

B8

四瓣明铁盔

◀身穿札甲军士形象推测图，该形象甲衣根据广州市考古研究所复原的明铁甲绘制，铁盔则根据仇英绘《帝王道统万年图册》绘制

▲《帝王道统万年图册》中头盔正视推测图

▲《帝王道统万年图册》中头盔侧视推测图

《帝王道统万年图册》由明代著名画师仇英绘制，对了解明代甲胄形制有一定的参考价值。据《帝王道统万年图册》绘制的情况看，铁盔盔身分瓣，应当由四瓣组成。铁盔下围顿项，上有红色盔缨，顿项由甲片编缀而成，与甲衣同。

广州市考古研究所复原的这领铁甲，出土实物时经统计甲片数量为 1088 片，所属时代下限为明代初年。其中绝大多数、约占 84% 的为较窄的长方形甲片，这种甲片长约 10 厘米，宽约 2 厘米，厚约 0.15 厘米，重 10 克左右。这种甲片上开有 13 孔，直径为 0.02 厘米。剩下约占 6% 的甲片，为长方形，平均长约 10 厘米，宽 3.4 厘米，厚 0.2 厘米，重 14 克；约占 10% 的甲片下方上圆，长约 7.4 厘米，宽 2 厘米，厚 0.15 厘米，重 7 克左右。经过复原的甲衣各部分总计用甲片 1165 片。[57]

这身札甲不同于其他的一体式札甲，上身和下身是分体的，《明实录》中曾记载过一种骑兵所穿“铁马袴”，应当是一种类似的分体式札甲。另一处不同在于这种甲衣有一种铆合在一起的“合页”状特殊型甲片，这种特点使得甲衣在收藏时可以将前后身甲进行折叠，以便上架或是置于匣中存放。

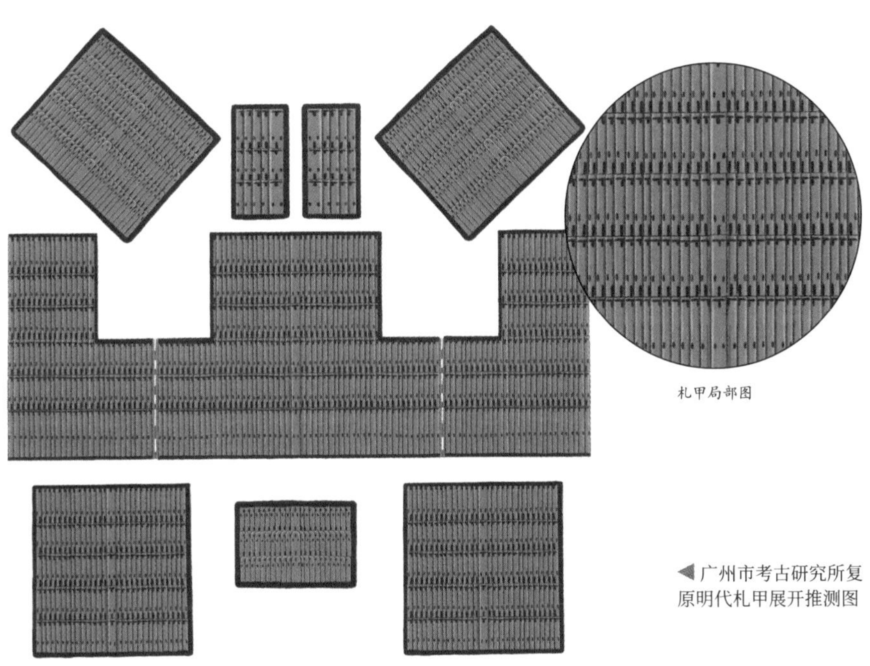

札甲局部图

◀广州市考古研究所复原明代札甲展开推测图

札甲的形制及其展开推测图参考《中国传统工艺全集：甲胄复原》图版绘制。

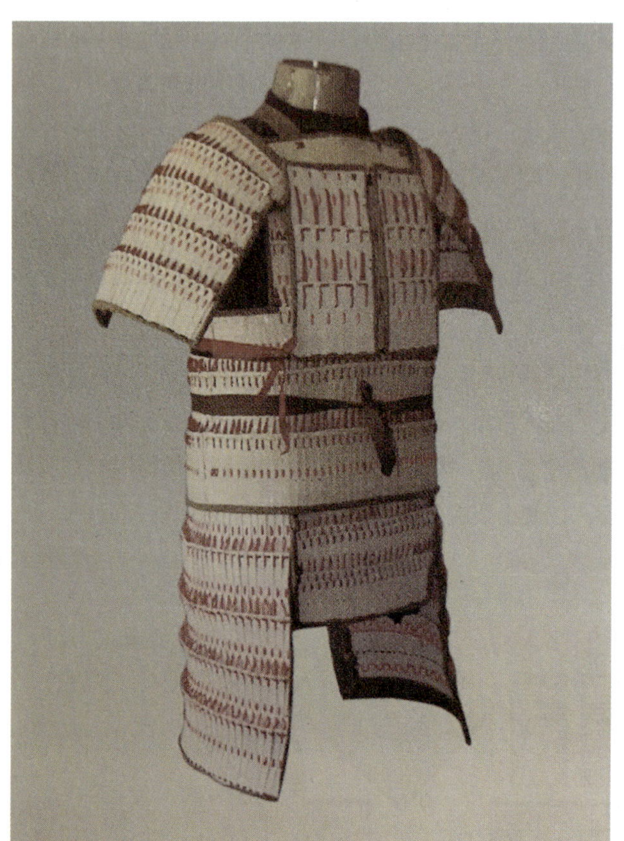

◀广州市考古研究所复原明铁甲，录自《中国传统工艺全集：甲胄复原》

▼《帝王道统万年图册》局部，台北故宫博物院藏

注释

1. 刘永华:《中国古代军戎服饰》, 清华大学出版社 ,2016 年, 16 页。
2. 王鸣鹤:《登坛必究》, 明万历刊本, 器械卷一, 七页。
3. 白荣金, 钟少异:《中国传统工艺全集: 甲胄复原》, 大象出版社 ,2008 年, 53 页。
4. 郭晔旻:《从"甲"到"铠", 中华战袍的进化》,《国家人文历史》, 2017 年第 1 期, 41 页。
5. 申时行:《明会典》, 中华书局, 1988 年, 970 页。
6. 郑大郁:《经国雄略》, 商务印书馆, 2019 年, 766 页。
7. 杨宽:《中国古代冶铁技术发展史(外三种)》, 上海人民出版社, 165、199、200 页。
8. 白荣金, 钟少异:《中国传统工艺全集: 甲胄复原》, 大象出版社, 2008 年, 314 页。
9. 申时行:《明会典》, 中华书局, 1988 年, 970 页。
10. 白荣金, 钟少异:《中国传统工艺全集: 甲胄复原》, 大象出版社, 2008 年, 309、310 页。
11. 张廷玉:《明史》, 中华书局, 1974 年, 1592 页。
12. 杨士奇, 等:《明宣宗实录》, 台湾"中央研究院"历史语言研究所校印, 1962 年, 133 页。
13. 车继勇:《从久违的摆锡工艺讲起》,《中国京剧》, 2020 年第五期, 23 页。
14. 张廷玉:《明史》, 中华书局, 1974 年, 4217 页。
15. 孙继宗, 等:《明英宗实录》, 湾"中央研究院"历史语言研究所校印, 1962 年, 2358 页。
16. 王鸣鹤:《登坛必究》, 明万历刊本, 器械卷一, 廿一页。
17. 朱国祯:《涌幢小品》, 中华书局, 1959 年, 262 页。
18. 顾秉谦、丁绍轼、黄立极, 等:《明神宗实录》, 台湾"中央研究院"历史语言研究所校印, 1962 年, 9170 页。
19. 何士晋:《工部厂库须知》, 人民出版社, 2013 年, 244 页。
20. 吕坤:《摘陈边计民艰疏》,《明经世文编》, 中华书局, 1962 年, 4508 页。
21. 王鸣鹤:《登坛必究》, 明万历刊本, 水战一卷, 卅九页。
22. 解缙, 等:《明太祖实录》, 台湾"中央研究院"历史语言研究所校印, 1962 年, 2441 页。
23. 张辅, 等:《明太宗实录》, 台湾"中央研究院"历史语言研究所校印, 1962 年, 64 页。
24. 胡献忠:《武略神机边防形胜图说》, 明万历刻本, 三一四页。
25. 朱尔旦:《万历朝鲜战争全史》, 民主与建设出版社, 2020 年, 165 页。
26. 申时行:《明会典》, 中华书局, 1988 年, 970 页。
27. 解缙, 等:《明太祖实录》, 台湾"中央研究院"历史语言研究所校印, 1962 年, 1593 页。
28. 孙世芳:《宣府镇志》, 嘉靖四十年(1561)刊本, 成文出版社有限公司, 1970 年, 249 页。
29. 何士晋:《工部厂库须知》, 人民出版社, 2013 年, 241 页。

30. 唐顺之:《武编前集》,四库全书本,卷五,7 页。
31. 杨宽:《中国古代冶铁技术发展史(外三种)》,上海人民出版社,2019 年,167 页。
32. 同上,203、204 页。
33. 王圻,王思义:《三才图会》,上海古籍出版社,2019 年,1504 页。
34. 申时行:《明会典》,中华书局,1988 年,971 页。
35. 许仲琳:《封神演义》,中国画报出版社,2013 年,182 页。
36. 袁于令:《隋史遗文》,中华书局,1996 年,363 页。
37. 冯梦龙:《东周列国志》,中华书局,2009 年,383 页。
38. 左骏:《决拾既次,弓矢既调:古代护臂的流传与发展》,《大众考古》,2019 年第 8 期,35、37 页。
39. 冯梦龙:《东周列国志》,中华书局,2009 年,424 页。
40. 张廷玉,等:《明史》,中华书局,1976 年,5579 页。
41. 刘永华:《中国古代军戎服饰》,清华大学出版社,2013 年,268 页。
42. 郭勋:《英烈传》,中华书局,1996 年,237 页。
43. 克鲁士:《中国志》,《十六世纪中国南部纪行》,C.R. 博客舍编注,何高济译,中华书局,2019 年,159 页。
44. 李梦:《左传译注》,上海古籍出版社,2016 年,1014 页。
45. 解缙,等:《明太祖实录》,台湾"中央研究院"历史语言研究所校印,1962 年,26 页。
46. 孙继宗,等:《明英宗实录》,"中央研究院"历史语言研究所校印,1962 年,4916 页。
47. 王巍:《曹植集校注》,河北出版传媒集团,2013 年,302 页。
48. 刘熙:《释名》,中华书局,2021 年,367 页。
49. 沈约:《宋书》,中华书局,1976 年,1562、1563 页。
50. 同上,1984 页。
51. 白荣金、钟少异:《中国传统工艺全集:甲胄复原》,大象出版社,2008 年,317 页。
52. 申时行,等:《明会典》,中华书局,1988 年,971 页。
53. 撷芳主人:《大明衣冠图志》,北京大学出版社,2016 年,44 页。
54. 白荣金、钟少异:《中国传统工艺全集:甲胄复原》,大象出版社,2008 年,317 页。
55. 同上,318 至 321 页。
56. 薛冰:《南京云锦》,《华夏地理》2014 年 10 月号,59 页。
57. 白荣金、钟少异:《中国传统工艺全集:甲胄复原》,大象出版社,2008 年,309、310、312、314 页。

第三章

锁子甲

奚骑黄铜连锁甲，
罗旗香干金画叶。

渊源

《中国传统工艺全集：甲胄复原》对锁子甲的定义为：“由细小的金属环互相套扣构成，每个环一般与另四个环相套扣，形如连锁，因而得名，具有轻软坚密的特点。”[1]《中国古代军戎服饰》中对锁子甲的定义也是“锁子甲是以小铁环相互套连编成的铠甲”[2]。

锁子甲在我国又称“锁甲”“连环甲”“锁铠”等，但并非我国本土产物。据目前考证，锁子甲最先出于何处的观点主要有三：一、可能在公元前七世纪至公元前三世纪左右最先由黑海北岸的斯基泰人发明，《简明不列颠百科全书》记载“在基辅附近发现公元前五世纪的锁子甲碎片”；二、可能由欧洲铁器时代的凯尔特人发明，1992 年英国学者在奥尔本城一世纪的不列颠凯尔特人王族墓葬中出土一副锁子甲；三、可能由古波斯人发明，伊朗萨珊时期出土的骑士印章中可以看到疑似穿着锁子甲的波斯骑士。欧洲在古罗马帝国时期确切可知已开始较多使用锁子甲，到中世纪则成为欧洲主流的铠甲类型。

▲ 十四世纪维斯比古战场出土的遗骸，可以清晰地看见和头骨锈蚀在一起的锁子甲，哥特兰博物馆藏

锁子甲大约在三国时期沿丝绸之路传入中国，魏国曹植曾在其《先帝赐臣铠表》中记述：“先帝赐臣铠、黑光、明光各一领，两当铠一领，环锁铠一领，马铠一领。”[3]“环锁铠”就是锁子甲。而稍晚一些的《晋书》也记载，公元 384 年前秦进攻西域时，曾在龟兹城外遭遇穿着“铠如连锁，射不可入”的“狯胡”。[4]而等到中国真正接受锁子甲大约要再迟至公元八世纪。《旧唐书》记载唐将郭知运于开元六年（718）在九曲击败吐蕃，“获锁及（子）甲马犁牛等数万计”，[5]同年中亚康国也向唐

朝遣使进献锁子甲："开元六年，遣使贡献锁子甲、水精杯、马脑瓶、驼鸟卵及越诺之类。"[6] 这似乎引起唐朝对这种铠甲一定的兴趣。随后，唐朝将锁子甲列为官方制式铠甲，《唐六典》记载："甲之制十有三，一曰明光甲；二曰光要甲；三曰细鳞甲；四曰山文甲；五曰乌锤甲；六曰白布甲；七曰皂绢甲；八曰布背甲；九曰步兵甲；十曰皮甲；十有一曰木甲；十有二曰锁子甲；十有三曰马甲。"[7] 其中锁子甲位列人用铠甲的最后一位。在唐代，锁子甲显然没有在军队中得到大规模的列装，更多的是高级将领、社会名流或是文人显示身份地位的一种象征。

小贴士

唐诗中自然也少不了锁子甲的身影，比如杜甫在其《重过何氏五首》中有"雨抛金锁甲，苔卧绿沉枪"，崔颢的《古游侠呈军中诸将》也有"错落金锁甲，蒙茸貂鼠衣"的诗句。

▲《徐显卿宦迹图》第八开《皇极侍班》中疑似穿着锁子甲的殿前侍卫，故宫博物院藏

同一时期，尽管没有在中原大地上普及开来，但锁子甲却在青藏高原的吐蕃军队中受到普遍欢迎。吐蕃所用锁子甲可能由波斯或西域传入，除前文所述有郭知运从吐蕃军中缴获大量锁子甲的记录之外，唐代《通典》记载:“(吐蕃）人马俱披锁子甲，其制甚精，周体皆遍，唯开两眼，非劲弓利刃之所能伤也。”[8]吐蕃军队不仅士兵穿锁子甲，连战马的具装都采用锁子甲，可见普及程度之大。吐蕃锁子甲的制甲工艺甚至受到当时阿拉伯人的称赞，乃至到了明朝，《武备志》在记述锁子甲形制时也称其为“古西羌制”[9]。

至宋朝，锁子甲在宋代官军的地位依旧没有发生明显改变，《武经总要》前集记载:“(甲胄）贵者铁则有锁子甲。”[10]显然锁子甲依旧是少数高级将领才拥有的甲衣。到元朝，锁子甲的列装开始逐渐增多，元朝的宫廷仪卫已将锁子甲列为制

▶ 明代锁子甲（复原）

▼ 明代锁子甲，敦煌市博物馆藏，笔者摄

式装备。《元史·舆服》有记载:“天武官二人，执金钺，金凤翅兜牟，金锁甲。”[11]这里的金锁甲应是一种髹金漆的锁子甲。不仅是在军戎服饰领域，建筑领域也有锁子甲的身影。宋人李诫所著《营造法式》中就有“琐子”图样[12]。根据《中国纹样史》的描述:“锁子是由浅弧线组成三角联环的一种几何纹，因形如链锁，故名。锁子纹仿自锁子甲，亦称锁甲、锁骨、锁子铠。”[13]

▲《东岳上将地祇太保温元帅像》局部，可以清晰地看见锁子甲的铁环，波士顿美术馆藏

明代承袭元制，在服饰上多受后者影响，宫廷仪卫同元朝一样，也有穿锁子甲的侍卫。《大明会典》一百四十二卷记载:“凡大朝贺，御殿掌领侍卫官俱凤翅盔锁子甲，悬金牌佩绣春刀。”[14]在明代画作《徐显卿宦迹图》第八开《皇极侍班》中可见疑似穿锁子甲的侍卫，类似的画作还有一幅《东岳上将地祇太保温元帅像》，虽然其中描绘得并非真实存在的人物和场景，但细节描绘很精致，作为明代画作有很大的参考价值。除殿前侍卫，守边军士也多有穿锁子甲者，如《武编前集》记载:“各边军士役战身荷锁甲、战裙、遮臂等具共重四十五斤。”[15]得益于掌握四孔拉丝的技术，明代可以较大规模的生产锁子甲。尽管在明代铠甲中，锁子甲并非最主流的装备，但也处于其在中国历史发展的顶峰。

我国出土的锁子甲实物几乎全部为明、清两代所有，从这些实物中可以一窥我国锁子甲的形制特点。从实物看，明清锁子甲既有仅防护上半身的短袖样式，如敦煌市博物馆藏品；也有下半身附带腿裙的样式，如山西博物馆藏品。中世纪欧洲比较常见的连帽、佩戴手套的锁子甲似乎没有在中国出现。值得注意的是，有腿裙的明清锁子甲其下半身构造明显不同于上半身：上身的锁子甲是完整一体的，而下身则左右分开，在两腿中间留出了比较大的开衩，这是为了方便穿戴锁子甲的军士能够骑马。

明代锁子甲

明代锁子甲，又称“钢丝连环甲”，据《武备志》记载：“其制度即今大铁丝圈，如钱眼大，环炼如贯串，形如衫样，上留领口。如穿，自上套下，枪箭极难透伤。”[16]民国著名古兵器学家周纬先生曾在其专著《中国兵器史》中称赞明代锁子甲：“其制造颇精，胜于宋人之器，而无逊于元代蒙古军之物，尤以清宫所藏之两具为最佳。”[17]从书中图版及周纬先生的描述看，清宫所藏两件明代锁子甲铁环细小精密，且有上下两层，制造颇为坚固。

而另一件周先生收录的，由当时成都华西协和大学收藏的明代锁子甲，其铁环就较为粗大，可以从外直接看到铁环下面。相比较而言，锁子甲的铁环越小，甲面就更紧密，这也是为何清宫藏两件锁子甲比华西协和大学藏锁子甲紧密，越紧密的锁子甲自然能带来更好的防护性：在利器击打下，各个铁环分散了击打的动能，自然铁环越小越紧密所能承受的伤害就越大，但这种防护性也是以牺牲轻便为代价的，更多的铁环也加大了锁子甲整体的重量。

▲老龙头景区海神庙身穿山纹甲神将塑像，笔者摄

做法

锁子甲的具体做法今已不可考，西方学者曾推测西方锁子甲的制作方法，可能对我国锁子甲的做法有一定的参考意义，其做法为：先将铁丝缠绕在圆棍上，用铁锤和凿子切开铁丝卷，做成一个个铁环；将铁环放入锥形管并插入一根铁棒，用铁锤敲打直至铁环从锥形管下部顶出，一旦受压，铁环的末端便重叠了；将重叠的铁环末端压扁并在其上打洞；最后将铁环交相串联起来，用铆钉钉在洞上固定。

穿戴

锁子甲的穿戴也有讲究，穿戴前需要穿上作为衬垫的布料服饰。作为缓冲，布料可以防止锁子甲磨损皮肤，且构成锁子甲的铁环会与布面相互摩擦，锁子甲就可以固定住不会滑落，同时在佩戴者遭受攻击时断裂的铁环不会直接扎入皮肉。另外，选择厚实的布料垫在锁子甲之下也可以作为身体又一道防护。从山西博物馆藏锁子甲实物看，下身腿裙锁子甲的穿戴同前朝一致，均为系带相连，穿时在身后或者绕到身前系紧。

▲明木雕漆金韦陀像局部，纽约大都会艺术博物馆藏

山纹甲

山纹甲又名“山文甲”，日本人称之为“唐甲纹”，[18] 因其甲片呈“山字形”或“人字形”而得名，最早见于前文提到的《唐六典》第十六卷：“甲之制十有三，一曰明光甲；二曰光要甲；三曰细鳞甲；四曰山文甲；五曰乌锤甲……”[19] 南北朝的北燕冯素弗墓中出土过可能是山纹甲的甲片，[20] 但其形制却与

唐代，乃至后世朝代的寺庙雕塑和文献中的山纹甲甲片有所不同，其夹角更钝，三个角更加宽大。同札甲一样，山纹甲是一种典型的明甲，主要由将领、帝王仪卫穿着。这种铠甲广泛出现于宋元明清四朝的雕塑、绘画当中，堪称最具辨识度和中国传统甲胄最具代表性的一种。

山纹甲甲片是如何编缀在衬里之上目前学界尚无定论，主要设想有三种：一、直接编缀在衬里；二、“山字形”甲片相互穿插的方式进行编缀；三、“人字形”甲片相互穿插的方式编缀。[21]

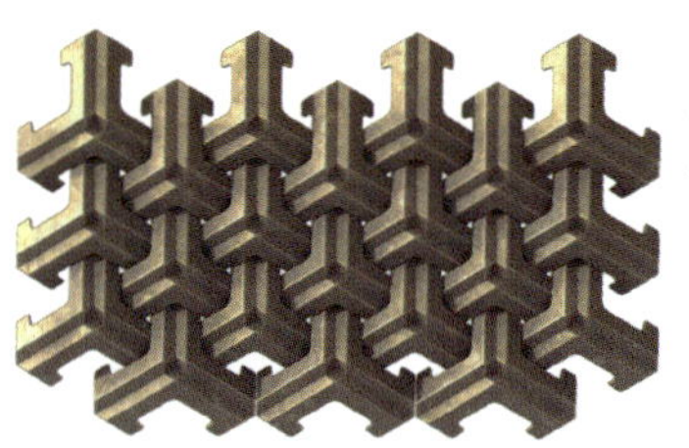

◀ 山纹甲编织方式猜想之一

▲ 元代身披山纹甲石翁仲，北京石刻艺术博物馆藏，笔者摄

▲ 清宫内务府广储司茶库旧藏历代功臣像之韩信像，明宫廷画师绘制，其裙甲有山纹样式，故宫博物院藏

争议

提到锁子甲，不得不提一个比较存在广泛争议的问题：山纹甲到底是不是锁子甲?

目前关于山纹甲是否就是锁子甲存在着较为普遍的争论：认为两者为同一种铠甲的人认为，所谓“山纹”只不过是锁子甲铁环的一种艺术化的表现形式，明代文献中没有出现山纹甲这一名称，且实物从未有山纹甲实物出土。此外，宋人著《营造法式》中有锁子纹样，其纹样就是山纹甲的样式；持相反观点的人认为，山纹甲甲片构造明显不同于锁子甲铁环。在李公麟绘制的《维摩演教图》中，一名护法身上的铠甲同时出现了锁子甲和山纹甲的纹样，显然两者是不同的铠甲纹样，那么两种甲也并不能归为一类。因为明代也存在不同铠甲混穿的现象，锁子甲也不例外，文献就至少记载过锁子甲与柳叶甲混穿的情况：“上用明柳叶，下用锁子。”[22] 此外，《营造法式》中建筑的纹样不一定适用于铠甲的纹样。虽然明代山纹甲尚没有实物出土，但南北朝有类似的甲片实物，以后也有可能出土明代的山纹甲。

▲《维摩演教图》局部，这副铠甲同时出现了锁子甲和山纹甲的纹样，北宋李公麟绘，故宫博物院藏

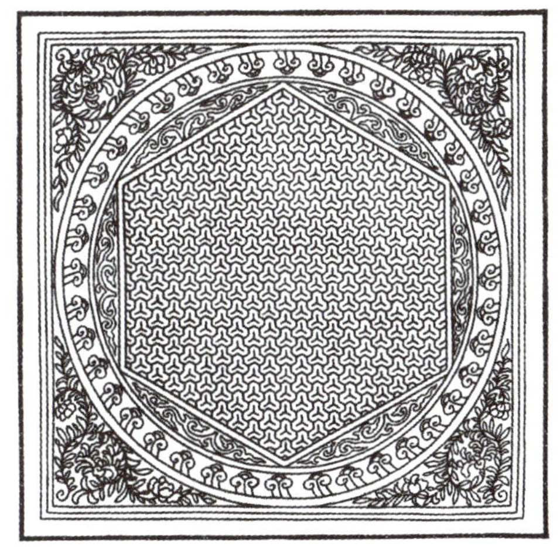

▲《营造法式》中的锁子图版

除了以上两种截然相反的观点，还有第三种较为折中的观点，

这种观点认为山纹甲存在，但也仅仅是以纹样的方式存在。譬如《元史·舆服》有施以金铠锁子纹的甲衣。实物中，流传至今的部分清代布面甲中也出现了山纹甲的纹样，比如烟台博物馆的一领宋庆布面甲，以及军事博物馆的一顶铁盔顿项，明代山纹甲可能也是这种样式。笔者认为《唐六典》记载的山纹甲概念可能并不一定等同于后世，尤其是宋明时期的所谓山纹甲，因为宋明文献

▲《洗兵图》局部，身穿山纹甲的神将，广东省博物馆藏

▲《二郎神搜山图》局部，身穿山纹甲的二郎神，美国波士顿博物馆藏

▲ 清代铁盔，可以清晰地看到山纹甲纹样，军事博物馆藏，笔者摄

中并没有山纹甲这种说法，今人主要因宋明绘画、雕塑中这种甲衣的纹样类似“山”字形而将其命名为山纹甲。假使明代确实有这种并非锁子甲的“山”字形甲片构成的甲衣，它在明代的名字也可能根本不是山纹甲。以上这些争论，尚需进一步考古发掘和文献的研究来进一步确认。

▲山西水陆画十六屏排局部，明代佚名绘，可见山纹甲

◀山西水陆画十六屏排局部，明代佚名绘，可见山纹甲

锦衣卫形象

C1

▲《中国兵器史》中的明代锁子盔图版，周纬著

◀锁子甲铁环铆接细节，笔者根据实物照片临摹

锁子甲局部图

这名锦衣卫头戴锁子盔，上有盔缨；其身披锁子甲，甲衣腰部系有鞓带。

▶身穿锁子甲锦衣卫形象推测图，锁子盔及锁子甲形制的绘制均参考了《徐显卿宦迹图》第八开《皇极侍班》

明代类似的锁子盔还有《中国兵器史》两顶明朝御林锁子盔、成都凤凰山明初锁子盔以及山东博物馆藏明代盔。周纬在书中描述这两顶锁子盔“下沿均装锁子钢丝网，较长于盔之通高，下垂及胸，网形有自眼以下大开前部者，有自上而下仅开细缝者”。也就是眼下有露脸者不露脸者两种。周纬称赞这两顶锁子盔“制造甚精，铁钵坚韧而网环极为细密复叠，可与斯时伊斯兰名胄及欧洲铁盔相比较而无逊色”[23]。帝王禁卫使用锁子盔同样也见诸官方史料，《明会典》记载:“（洪武）二十六年（1393），令造柳叶甲、锁子头盔六千副，给守卫皇城军士。”[24]同样在《国初定军器局造》条目中，也有水磨锁子护顶头盔。[25]

小贴士

尽管锁子甲不在明代军中占据主流，但在明代小说中锁子甲却有颇多记载。譬如《封神演义》中有“冲天盔，龙蟠凤舞；金锁甲，叩就连环”[27]；《隋史遗文》中有“伯当笑道：‘适才二山门里面，朱红龛内，带金兜鍪，穿锁子甲，捧降魔杵，那便是韦陀’[28]；《东周列国志》也有“原来袍内，预穿就窄袖短衫，罩上异样黄金锁子轻细之甲”[29]。

明代出土铠甲以锁子甲为多，因此可以参考的明代锁子甲实物比较多，但锁子甲在我国军戎服饰历史当中始终没有成为主流铠甲。单层锁子甲的编排以三个铁环为一组，双层锁子甲则以四个铁环为一组。[26]

▼明代铁盔，山东博物馆藏，笔者摄

▲成都凤凰山出土的明初锁子盔，录自《中国传统工艺全集：甲胄复原》

大汉将军形象

▶身穿山纹甲大汉将军形象推测图，该形象绘制参考了《徐显卿宦迹图》第十二开《经筵讲经》及《大明衣冠图志》中的大汉将军形象

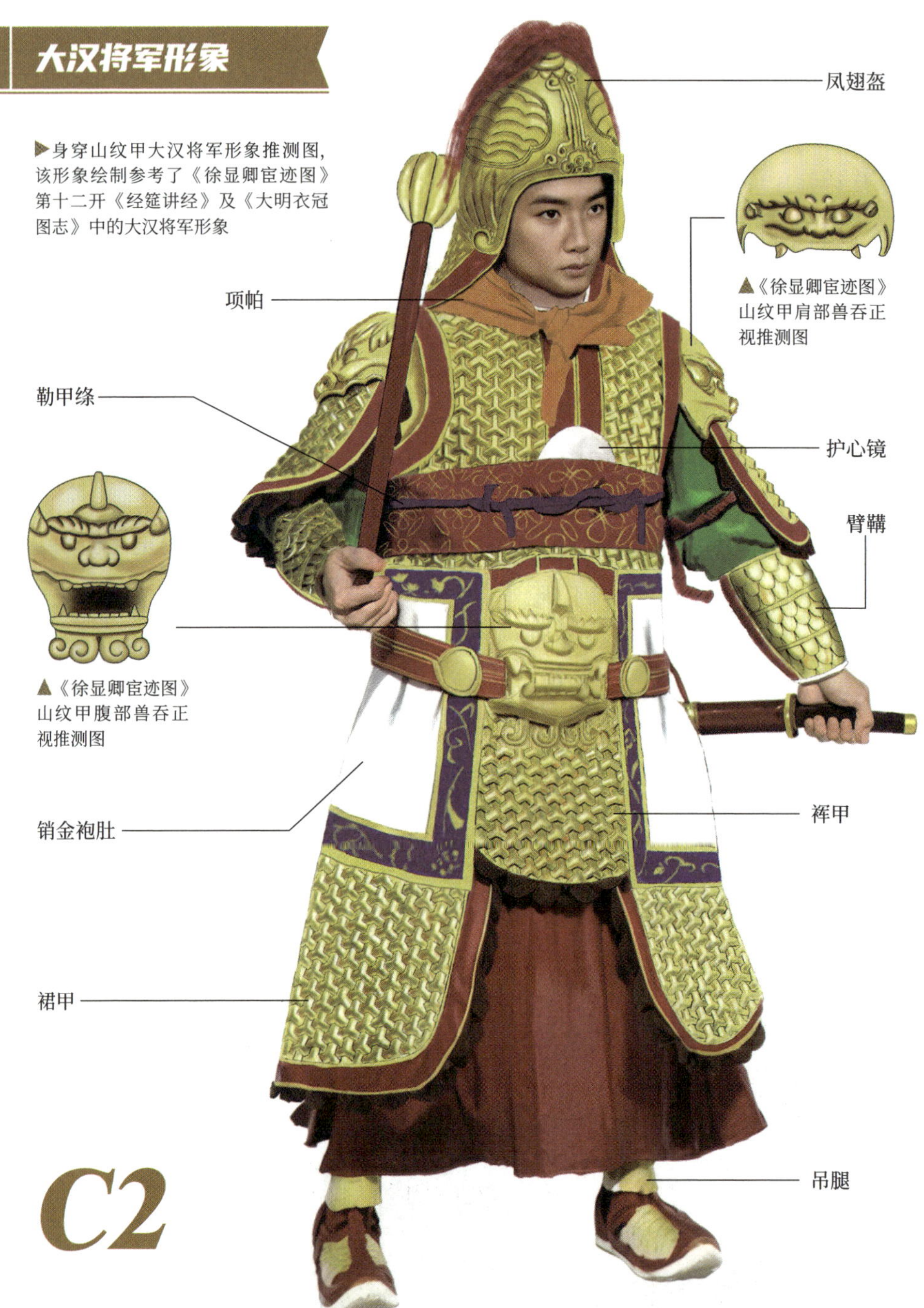

▲《徐显卿宦迹图》山纹甲肩部兽吞正视推测图

▲《徐显卿宦迹图》山纹甲腹部兽吞正视推测图

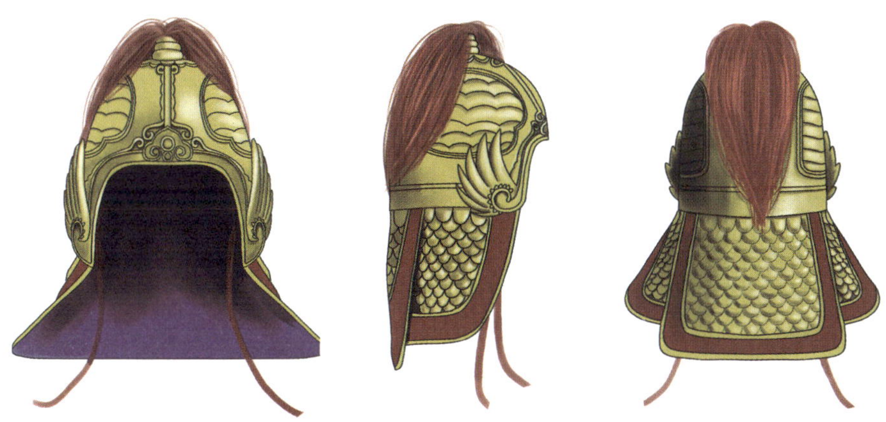

▲《徐显卿宦迹图》凤翅盔正视、侧视、后视推测图

▲《水浒全图》图版，可见其腹部兽吞，清光绪时期广东臧修堂刊本

▶ 唐代石刻天王，身穿山纹甲的天王，上海博物馆藏，笔者根据照片绘制

这名大汉将军头戴金凤翅盔，盔顶装饰有盔缨，下围顿项，顿项的甲片是鳞甲甲片，脖子上则围有项帕。在身上，这名大汉将军穿锦袍，外披金山纹甲，两肩有披膊，肩部有兽吞装饰，手臂上有臂缚。在胸部，他扎有勒甲绦，胸部与背部都配有护心镜。腰部则围销金袍肚，外系红色鞓带，下方还有兽吞。

这种在肩部、腹部装饰有兽吞的形象，至晚在唐代就已经出现了，唐代的陶俑、石刻有类似的肩部或腹部装饰兽吞的武士形象。明代小说中多有对此种装饰的描述，比如《西游记》中就有“腰间束一条狮蛮带，脚下躧一对麂皮靴”。[30]《水浒传》也有：“头顶茜红巾，腰系狮蛮带。”[31]“凤翅明盔耀日，狮蛮宝带腰悬。”[32]明人画作、小说图版中，凤翅盔搭配山纹甲的形象也很常见。此外，这名大汉将军还左手持刀，右手持金骨朵。

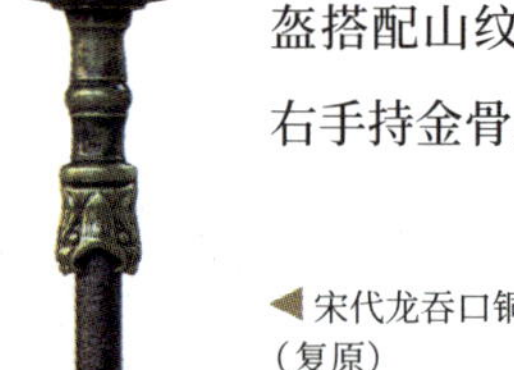

◀宋代龙吞口铜锤（复原）

▼《武经总要》骨朵图版，明万历二十七年刊本

骨朵

“骨朵”这个称谓广泛使用自宋代，是宋人对小头战锤的称呼，又称“蒜头”“蒜头骨朵”。其原因有二：一是宋代《武经总要》前集卷十三有记载：“迹其意本为胍肫，大腹也，谓其形如胍而大。后人语讹，以胍为骨，以肫为朵。”[33]二是“骨朵”可能来源于民间俗语，如宋人曾将一种油炸的圆形面点称为骨朵。而明代人则普遍将花蕾称为骨朵并沿用至今，其本意是指圆而鼓凸的形状。[34]作为一种战锤，骨朵既用于仪卫也用于实战。如明代史料中有“我军奋勇各用火器、神枪、火炮、弓箭、骨朵向前交锋，混战二、三十合，贼伤死者甚多，俱被扶拖而去”的记载。[35]

大汉将军

大汉将军，明代宫廷侍卫的一般性称呼，隶

属锦衣卫，共有一千五百零七员，凡朝会、巡幸都要担任侍从扈行。[36] 明代大汉将军本不同宫廷侍卫直接画等号。洪武六年（1373），为加强宫廷守备，明朝推行守卫金牌制度，其中名为“天武将军”的守卫地位最低，佩戴信字号钑盘云花金牌，位在所镇抚之下。[37] 这些天武将军躯体丰伟、有勇力。早晚朝、宿卫及扈驾期间，手执金瓜、披铁甲、佩弓矢，头戴红缨铁盔帽。大朝会期间则披金甲、金盔帽列侍左右。[38] 随着时间的推移，最迟至明代中叶，明代无论官方还是民间，都将所有天武将军称为“大汉将军”。

▲《徐显卿宦迹图》第十二开《经筵讲经》中的大汉将军，故宫博物院藏

◀《左良玉出师图》局部，身穿山纹甲头戴凤翅盔的左良玉，明人周鼎绘，中贸圣佳 2018 年秋拍

▼《新镌出像通俗演义辽海丹忠录》图版，可见一名头戴凤翅盔、身穿山纹甲的将领，明崇祯翠娱阁刊本

▲ 头戴凤翅盔、身穿山纹甲、罩衫大汉将军，在皇极殿前戍卫场景推测图，原型参考自《徐显卿宦迹图》。皇极殿于永乐朝迁都北京时称奉天殿，嘉靖时改称皇极殿，清朝改为太和殿并沿用至今，笔者绘

注释

1. 白荣金、钟少异:《中国传统工艺全集：甲胄复原》，大象出版社，2008 年，9 页。

2. 刘永华:《中国古代军戎服饰》，清华大学出版社，2013 年，250 页。

3. 王巍:《曹植集校注》，河北出版传媒集团，2013 年，302 页。

4. 房玄龄，等:《百衲本晋书》，国家图书馆出版社，2014 年，813 页。

5. 刘昫，等:《百衲本旧唐书》，国家图书馆出版社，2014 年，870 页。

6. 同上，1482 页。

7. 张说、张九龄，等:《唐六典》，四库全书本，卷十六。

8. 杜佑:《通典》，四库全书本，卷一百九十·边防六

9. 茅元仪:《武备志》，清初莲溪草堂本，卷一百五,十七页。

10. 曾公亮:《武经总要》，明万历二十七年刊本，卷之十三,三十四页。

11. 宋濂，等:《元史》，中华书局，1976 年，1982 页。

12. 李诫:《营造法式》，商务印书馆，1933 年，卷三十三，120 页。

13. 田自秉、吴淑生、田青:《中国纹样史》，高等教育出版社，2003 年，281 页。

14. 申时行，等:《明会典》，中华书局，1988 年，728 页。

15. 唐顺之:《武编前集》，四库全书本，卷六,七十、七十一页。

16. 茅元仪:《武备志》，明万历二十七年刊本，卷一百五,十七页。

17. 周纬:《中国兵器史》，中国友谊出版社，2015 年，176 页。

18. 魏兵:《中国兵器甲胄图典》，中华书局，2011 年，149 页。

19. 张说、张九龄，等:《唐六典》，四库全书本，卷十六。

20. 黎瑶渤:《辽宁北票县官营子北燕冯素弗墓》，《文物》1973 年第 3 期，28 页。

21. 陈大威:《画说中国历代甲胄》，上海书店出版社，2009 年，132 页。

22. 瞿九思:《万历武功录》，《明代蒙古汉籍史料汇编（第四辑）》，内蒙古大学出版社，45 页。

23. 周纬:《中国兵器史》，中国友谊出版社，2015 年，176 页。

24. 申时行，等:《明会典》，中华书局，1988 年，970 页。

25. 同上，971 页。

26. 指文烽火工作室:《中国古代实战兵器图鉴》，中国长安出版社，2015 年，215 页。

27. 许仲琳:《封神演义》，中国画报出版社，2013 年，179 页。

28. 袁于令:《隋史遗文》，中华书局，1996 年，119 页。

29. 冯梦龙:《东周列国志》，中华书局，2009 年，235 页。

30. 吴承恩:《绣像全本西游记》，华文出版社，2009 年，49 页。

31. 施耐庵:《水浒传》，辽宁美术出版社，2018 年，640 页。

32. 施耐庵:《水浒传》，辽宁美术出版社，2018 年，752 页。

33. 曾公亮，丁度:《武经总要》前集，万历二十七年刊本，卷十三，十四页。

34. 彭鹏:《刀兵相见：近五百年中国战场轻兵器》，山东美术出版社，2011 年，183 页。

35. 王鸣鹤:《登坛必究》，明万历刊本，奏疏卷一，三十四页。

36. 张廷玉，等:《明史》，中华书局，1974 年，1862 页。

37. 解缙，等:《明太祖实录》，台湾“中央研究院”历史语言研究所校印，1962 年，1479 页。

38. 同上，1479、1480 页。

第四章

其他军戎服饰

鱼鳞耀铠甲，

猩血粲旃缨。

全铁甲

明人程子颐所著《武备要略》中收录了一具很有特色的铠甲：全铁甲。从书上的图版看，整副铠甲由全铁甲式（身甲）、左右手臂式（臂甲）和战裙式组成，搭配全铁盔式、铁网盔式和绵盔包式构成完整的全身盔甲。从《武备要略》绘制的图版看，全铁甲的形制颇有几分类似欧洲中世纪晚期、文艺复兴早期的板甲，而并不像传统的中式札甲。考虑到当时明朝与欧洲的来往，这副铠甲有可能是当时中西结合的产物。在十七世纪，这种覆盖程度的铠甲可以称得上“武装到牙齿”了。根据《武备要略》的记载，该副全铁甲漆以黑漆，黑漆所用原料为好生漆六两或八两[1]。漆，在这里除了用于着色、美观外，另一个重要的作用是加强甲衣的保养，尤其是皮制、铁制一类的甲衣。《经国雄略》记载：“南方之甲，不论皮铁，通用油漆，庶无用湿之患。”[2]

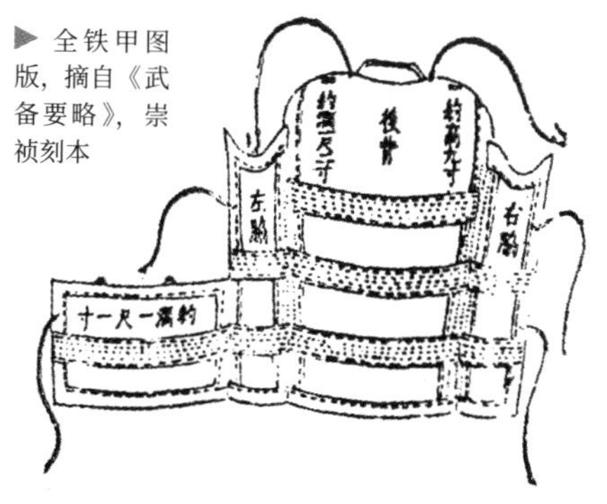

▶ 全铁甲图版，摘自《武备要略》，崇祯刻本

全铁甲据《武备要略》记载约重三十斤[3]。明代衡度单位与今不同，据相关学者的考证和称重，明代的衡度单位并不是准确且恒定不变的，即使在一朝时间之内同样如此。明代一两的质量范围在 30.98 克到 39.96 克不等。[4]而明代一斤等于十六两，按今日衡度换算，全铁甲的重量最高不超过二十千克。明人唐顺之《武编前集》《边军劳苦》条记载：“各边军士役战身荷锁甲、战裙、遮臂等，具共重四十五斤。”[5]这里边军所着身甲为锁子甲，同样也有战裙和臂手，总重折合成今日重量约不超过二十九千克，全铁甲重量与其相距不算太小。

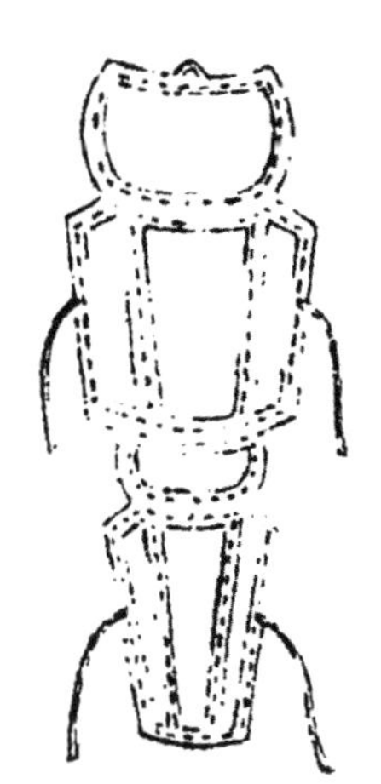

▲ 手臂及战裙图版，可清晰地看到甲片间的接缝处，摘自《武备要略》

《武备要略》记载，全铁甲式其用料每副约用好闽铁一百斤，北地煤炭约用四五担，南方木炭约用十数担。[6]这在甲衣的用料里是比较大的，《明会典》记载的另一款布面

甲青布铁甲仅用铁四十斤八两。[7] 不过后者并非全铁甲衣，铁的用量自然也更小。但是这也从用料多寡的角度解释了为何明代中后期布面甲越来越普及。闽铁，即南方福建产的铁原料，从《武备要略》的描述看，这里的闽铁应当是一种生铁，“其铁愈多炼得熟，愈好用”[8]，需要将其进一步加工成熟铁。

《武备要略》记载全铁甲用蓝棉布二匹，棉线四两，蓝绒绳四两，应当是用于铁甲上过漆之后做成衬里衬在内部。[9] 这样做的原因在于，坚硬的铁甲直接贴合肌肤不舒服，炎热的夏日会传导灼人的阳光，而冬天则会冻伤皮肤。此外，两层衬里的蓝布应当还有防御火器铅弹的功能，类似布面甲的布帛。

从《武备要略》的图版看，无论身甲、手臂还是战裙，每一块甲片之间的接缝处有些像是锁子甲的圆环铆接在一起，但实际上这并非锁子甲的圆环。据《武备要略》记载：“甲片搭缝处外加纳布二寸，每边折三分，以绒绳并纳布串联成副。”[10] 搭缝的地方应当是用布匹缝以绒绳加以串联，因此在图版上一条一条局促的短线应当是缝制的绒绳。

全铁盔

全铁盔是《武备要略》中另一个很有特色的防具，铁面和头盔组合在一起，共同保护头部。无论文字还是图版，除同样为明人所著的《喻子十三种秘书兵衡》等，这种面具式的防具很少见于任何明代史籍。明军佩戴铁面具的历史可以追溯到明初，这个习惯应该继承自元朝。而郑和下西洋时，印度洋一带的土著也称明军“戴着有面甲的头盔”，可知明军是有佩戴铁面的历史的。[11]

《武备要略》的文字和图版都介绍铁面左右各开一眼，用绒绳两条系在脑后，铁面下方则有护颈。虽然文字没有说明，但从《武备要略》的图版看，全铁盔的头盔有些近似凤翅盔：头盔的两侧有比较明显地、近似于翅膀的装饰物。虽然画得并不精细，甚至有些粗糙，但还是可以看出头盔有着比较华美的装饰。结合铠甲部分大消耗量的原材料，全铁盔式应当是给将校、家丁、亲兵或者精锐部队配备的装备。同样地，全铁盔及铁面均

▲ 全铁盔图版，摘自《武备要略》，崇祯刻本

未提及用料，不过应当同全铁甲一样采用的闽铁打造。

铁人军

作为明末抗清名将的郑成功，手下有一支著名的军队“铁人军”，这支全身披甲的精锐曾活跃在郑成功北伐南京、收复台湾等一系列战役中。据《台湾外记》记载，顺治十五年（1658）二月，郑成功“挑选各提督壮勇者为‘亲军’，厦门港筑‘演武亭’操演。各以五百斤石，力能举起遍游教场者五千人。画样与工官冯澄世，监造坚厚铁盔、铁铠及两臂、裙围、铁鞋等项箭穿不入者。又制铁面，只露眼耳口鼻，妆画五彩如鬼形，手执斩马大刀。每人以二兵各执器械副之，专砍马脚，临阵有进无退，名曰‘铁人’”[12]。

从文中的描述来看，“铁人军”所穿铁铠、两臂、战裙甚至铁面都能与全铁甲的臂手、身甲战裙以及全铁盔一一对应上，且《武备要略》成书时间与郑成功北伐时间相去不远，似乎一定程度上可以佐证“铁人军”的甲胄可能就是《武备要略》中的全铁甲、全铁盔。又据《明季南略》记载：“（郑兵）俱铁甲胄、钱面头子，

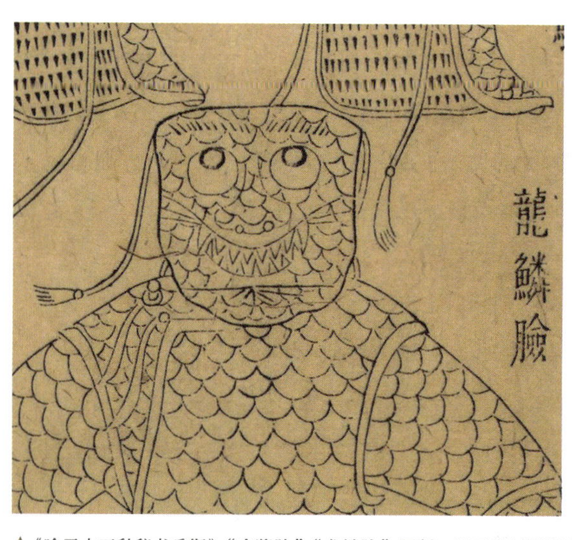

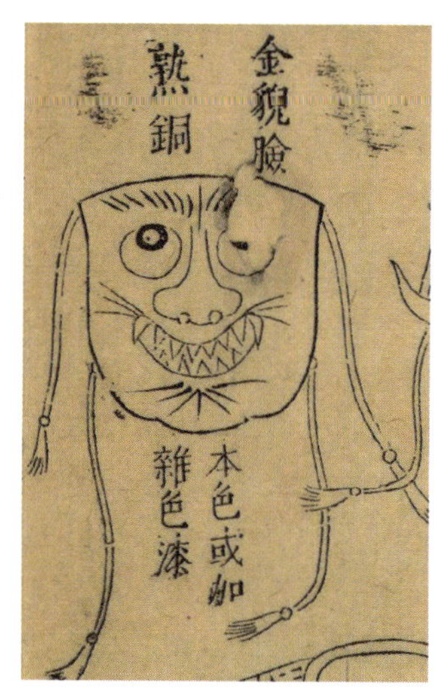

▲《喻子十三种秘书兵衡》“金猊脸”“龙鳞脸”图版，明天启时期郑大经刊本

▲《大员鸟瞰图》中身披札甲的郑军

止露两足，用长刀砍骑，锐不可当。”[13] 其中再次提及了身穿铁甲头戴铁面的郑军。

不过另一方面，在郑成功收复台湾时，根据一名荷兰佣兵兼画师阿尔布列特·赫伯特（Albrecht Herport）所绘《大员鸟瞰图》中郑军的形象，郑军中全身披挂铁甲、疑似为铁人军者，身上所穿铠甲为明显的札甲形制。札甲一个典型的特征就是，甲片比较有规律地、规整地进行横、纵向的排列，这一点与全铁甲是明显不同的。同样据时任荷兰驻台湾长官揆一记述：“所有的兵，除了两臂和脚露出以外，上半身都穿着铁甲，甲片一片片地重迭着，有如瓦片。这种铠甲可以保护身体不为步枪子弹所伤，而且还能活动自如，因为它长仅及膝，在各个关节处可以随便屈曲。”[14] 虽然不能证明文中记述的郑兵一定就是铁人军，但他们身穿的铠甲依旧明显属于札甲。综上所述，因而并不能排除郑成功铁人军所着铁甲是札甲的可能性。

鳞甲

鳞甲，包括鱼鳞甲、龙鳞甲。顾名思义，鳞甲的甲片因状如鱼鳞、龙鳞而得名，这种铠甲也属于一种明甲，其甲片编排方式也有些类似札甲，但又不尽相同。

早在汉代就已经出现了鳞甲的雏形，山东淄博汉齐王墓曾出土一件铠甲，其甲片形状就类似鱼鳞。不过这种甲片还不能完全算作鳞甲，更像介于札甲与鳞甲之间的一种甲片。北京军事博物馆复原的汉代铠甲中，也有甲片类似鱼鳞的铠甲。魏晋时期在继承这一类铠甲形制基础上，又有了新的变化，甲片变得更接近扇形，逐渐摆脱了札甲甲片的形态。河南偃师杏园村魏晋墓曾出土身穿鳞甲的陶俑，其身上的甲片已基本完全呈现出鱼鳞的形状。唐朝，三彩镇墓天王俑的腿裙上也出现了鱼鳞甲片，此时鱼鳞甲片的形状已基本定型，后世的甲片基本没有再变化。五

▲北京军事博物馆复原汉代铠甲，有的甲片呈鱼鳞状，笔者摄

代时期，以鱼鳞甲片为基础构建的鱼鳞甲身甲，其形制已经基本和明代接近。从前蜀王建墓的石雕像看，其已分为披膊和身甲两部分，身甲由胸背甲和腿裙组成，两者连成一片，披膊和身甲都编缀着鱼鳞甲片。宋代也有不少身穿鳞甲的陶俑实物，譬如四川成都东郊三〇八厂出土的三彩武士俑、陕西勉县老道寺出土红陶武士俑，以及成都龙泉驿西河公社南宋墓出土三彩武士俑等。

明代，鳞甲相对前朝更加普及一些，甲衣的鱼鳞甲片也编缀得更加精致，仅《明会典》记载的鳞甲就包括：青织金云纻丝裙襴鱼鳞叶明甲、绿绒绦穿鱼鳞叶齐腰明甲等。[15] 福建省东山岛郑成功沉船曾出土鳞甲甲片，这些甲片共计五百余片，为铜甲片。每一个甲片长 6 厘米、宽 4 厘米、厚 0.1 厘米，每一片似三个莲瓣连接，上端有两个小孔。[16] 这些鳞甲片可以一定程度上反映明末的鳞甲片形制

▲ 身穿鳞甲的魏晋陶俑，录自《河南偃师杏园村的两座魏晋墓》，《考古》，1986 年第 8 期，河南博物馆藏

◀ 唐三彩镇墓天王俑，其腿裙有明显的鳞甲片，台北故宫博物院藏

特点。明清小说中也多有对此种铠甲的描述:“头顶一个晃朗朗金盔，身披一领密鳞鳞银铠”[17]，“身穿一领龙鳞银甲，外罩蟒龙白袍”[18]。明代小说图版中也不乏鳞甲的身影。不过这种华丽的甲衣同部分札甲一样，制作的繁复和保养的不易使得它们主要还是被将校和帝王亲卫所穿，譬如《出警入跸图》中众多身穿鳞甲的仪卫，以及《平番得胜图》中的将校。

▲《宝宁寺明代水陆画》中《善恶二部牛头阿傍诸官众》局部，可见鳞甲战裙

皮革鳞甲

除了金属鳞甲，根据明代古籍图版，明代还有以皮革、植物和纸张为原材料制作的鳞甲。相较于金属鳞甲，这些鳞甲就地取材，以适当牺牲防御性为代价，换取更便宜的制造成本以及轻便性和易保养性。如《武备要略》收录的《穿山甲甲式》和《皮甲式》就分别是由穿山甲和牛的皮革制成的鳞甲:“外用穿山甲背脊上甲千片，挫打去边，每片钻眼二个，叠如鱼鳞”，“用生牛皮切长一寸半，阔一寸，逐片切就。将生桐油涂上，微烘。将铁屑细细打入，再上油，再打，竟如铁片。再做成鱼鳞式钻双眼穿于纸甲之外。”[19] 除了常见的牛皮，明代还有用鲨鱼皮做成的皮甲，这种甲衣也称为“鱼甲”[20]。

▲ 前蜀王建墓石雕像，其甲衣甲片为鱼鳞状，安·帕鲁丹（Ann Paludan）摄

◀《新刻按鉴编纂开辟衍绎通俗志传》图版中身穿鳞甲的人物形象，明崇祯八年刊本

▼ 福建省东山岛沉船甲片

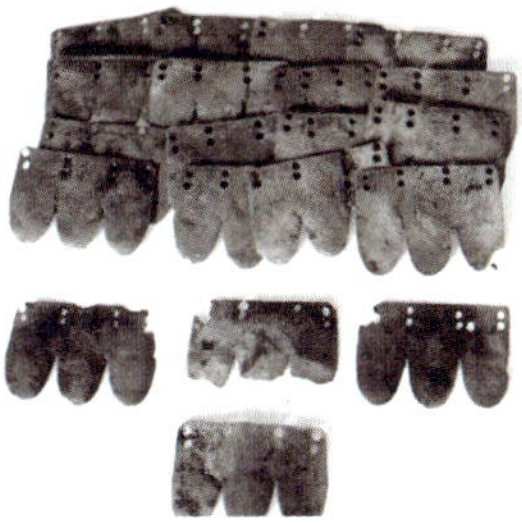

▲《武备志》中《皮甲式》图版，清初莲溪草堂本

▶《武备志》中《穿山甲甲式》图版，清初莲溪草堂本

▲《出警入跸图》中身穿鳞甲的仪卫，台北故宫博物院藏

◀《古今列女传》图版，身穿鳞甲的兵士，明内府彩绘本

瓠甲和纸甲

瓠甲和纸甲则较为特殊，有别于传统的铁制、皮制甲胄，前者是用葫芦制成的鳞甲，纸甲则是以纸、布帛为材料制成的。根据《武备要略》的记载，瓠甲是把瓠（一种葫芦）锯开做成鱼鳞的形状，其上涂抹生桐油，晒干或烘干，其里衬以布帛，是一种水兵使用的铠甲。[21]

而中国古战场上出现纸甲的身影，至少可以追溯到唐朝。元代时还有专门的机构纸甲局制造纸甲。不同于铁甲、皮甲，纸甲更为轻便，制作更为简易，同时不如铁甲、皮甲易受潮，因而在南方军队，尤其在水军中比较受欢迎。嘉靖初年延绥都御史姚镆就曾上书建议四川、广西、云贵、福建等处，应制造强弩、纸甲、藤牌等以御敌。[22]朝鲜也列装了此类甲衣，譬如支援明军讨伐建州女真的朝鲜军就“皆披纸甲，柳条盔，炮枪层层布列”。[23]

明代纸甲形制根据《武备志》的记载和图版的描绘，其原材料为纸和绢布。

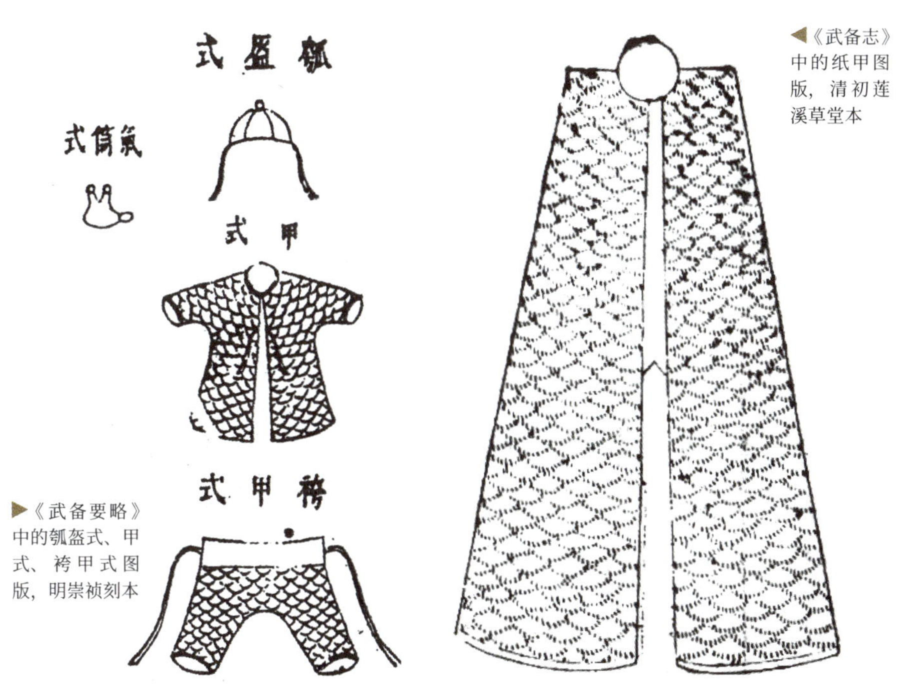

▶《武备要略》中的瓠盔式、甲式、袴甲式图版，明崇祯刻本

◀《武备志》中的纸甲图版，清初莲溪草堂本

纸甲长度及膝，腰间系布，它的编缀结构和鳞甲一致，但实际制作上也可能编缀成札甲的结构。纸甲露出的双臂还可以搭配穿戴纸臂手。《武备志》没有具体记载纸甲中纸和绢布是如何搭配的，但根据结构相似的纸臂手的记载，以及《涌幢小品》中的相关记述，纸甲应当是在数层纸张之内又叠压了数层布帛，再于表面用泡钉钉实。根据今人相关研究，纸甲也有采用纸张、布帛之间使用黏合剂，以及纸搓长绳，缝至布帛上剪片的方式制作。[24]

尽管明代纸甲有轻便、防潮的优点，但其对火器的防御性却并不太好，其整体防御性能也相比布面甲和传统的铁甲有所不如。《明实录》提到当时兵部官员认为纸甲不能抵御火器的铅弹，仍需用铁甲防御："而南方纸甲不能当矢弹，仍用铁甲为便。"[25]明神宗时期大理寺右寺丞李茂也认为临敌不能只用"纸、布盔甲"[26]。

赐服和常服

赐服

明代赐服是一种赏赐有功文武大臣以及属国国王、部落首领的服饰，按规格由高到低，主要有四种赐服：蟒服、飞鱼服、斗牛服和麒麟服。

蟒服

蟒服以衣身有蟒纹而得名。蟒纹与龙纹很相似，区别在于龙有五爪，蟒只有四爪。从留传下来的实物看，蟒服形制不拘，可以是曳撒、贴里、圆领、直身等，大多是在云肩、通袖襕、膝襕中加入云蟒纹样，有些则是在胸背缀以蟒纹补子。[27]据《明史》记载，蟒纹之间也有不同，单蟒面皆斜向，坐蟒则面正向，后者尤为尊贵。[28]《万历野获编》记载，内阁多受赐蟒衣，而最贵蒙恩者多得坐蟒。[29]

飞鱼服

飞鱼服中的"飞鱼"是一种由古印度神话摩羯演变而来的虚构生物。这种生物头部似龙，两足、四爪，带双翼，鱼尾，并有腹鳍一对。后又出现蟒形飞鱼，外形与蟒非常相似，仅尾部保留鱼尾特征。[30]譬如《明史》就曾记载，明世宗就曾误将飞鱼服认作蟒服。[31]从《明实录》的记载看，飞鱼服多赏赐给镇边将帅。

蟒衣局部图

▲ 明人画李成梁像轴，图中李成梁身穿蟒衣玉带，首都博物馆藏

▲ 明人画《邢玠衣冠像》局部，可见蟒纹纹样，山东博物馆藏

◀ 飞鱼纹样

▲ 明代青花描红盘龙海兽纹盘，可见飞鱼纹样，台北故宫博物院藏

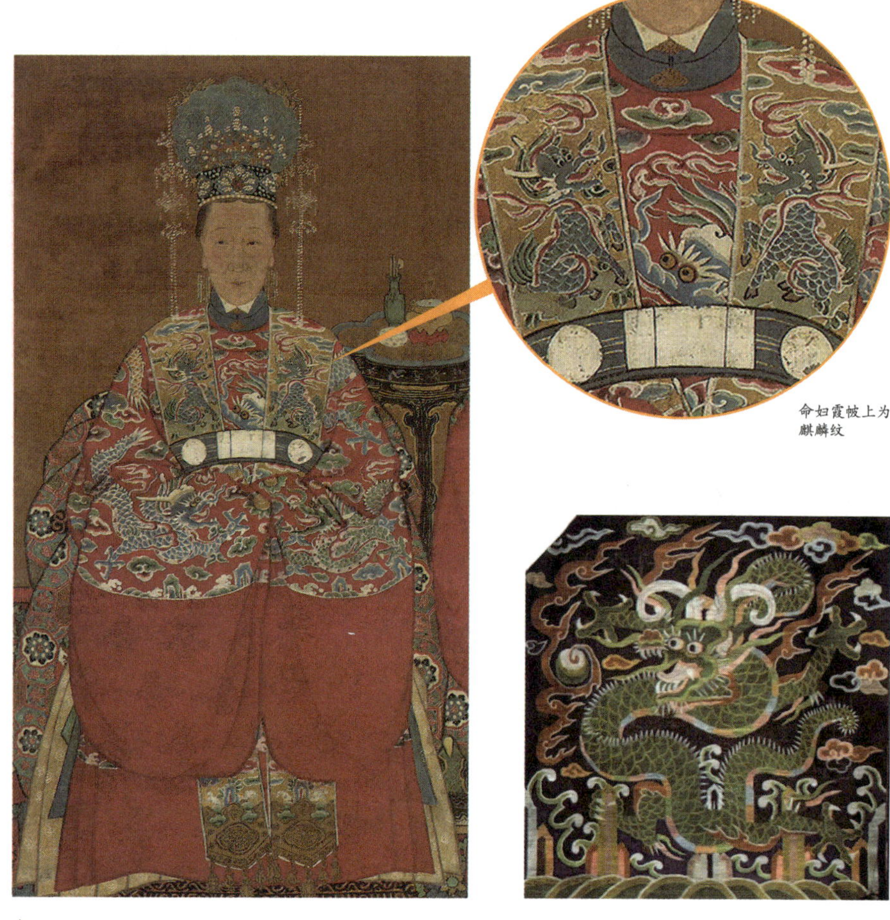

命妇霞帔上为麒麟纹

▲ 明人无款夫妇画像轴局部，山东博物馆藏

▲ 斗牛纹

斗牛服

斗牛服的斗牛原指天上的星宿：斗宿与牛宿，[32] 其纹样为蟒形，鱼尾，头上双角向下弯曲如牛角状。[33]

麒麟服

麒麟服的麒麟纹样与前三种纹样相似，最大的区别在于其纹样为蹄，而其他三种为爪。[34] 总体而言，四种赐服的纹样都近似于"龙"，在细微的地方上有所不同。

锦衣卫及宦官在特定场合需要穿赐服，譬如锦衣卫："其视牲、朝日夕月、耕耤、祭历代帝王，独锦衣卫堂上官，大红蟒衣，飞鱼，乌纱帽，鸾带，佩绣春刀。"[35]"又锦衣卫官登大堂者，拜命日即赐绣春刀、鸾带、大红蟒衣、飞鱼服，以便扈从大驾行大祀诸礼。其常朝亦衣吉服侍立于御座之西，以备宣唤。"[36]同样，景泰四年（1453）也诏令锦衣卫指挥侍卫者可以穿麒麟服。[37]宦官的情况较为相似："按《大政记》，永乐以后，宦官在帝左右，必蟒服，制如曳撒，绣蟒于左右，系以鸾带，此燕闲之服也。次则飞鱼，惟入侍用之。"[38]基本是侍从皇帝时穿着。

尽管明代赐服的赏赐以及服用较为严格，曾多次下诏严格禁止僭越穿着赐服，如天顺二年（1458）"定官民衣服不得用蟒龙、飞鱼、斗牛、大鹏、像生狮子、四宝相花、大西番莲、大云花样，并玄、黄、紫及玄色、黑、绿、柳黄、姜黄、明黄诸色"。弘治十三年（1500）又奏定："公、侯、伯文武大臣及镇守、守备，

小贴士

《万历野获编》记载了三种服饰僭越的现象：第一种是勋戚，有人官止八品，或者家居废罢的，敢穿麒麟服、系金带。而有的驸马庶子，例为平民，也敢穿四爪象龙纹样。[39]第二种情况是在京内官，即前文提到的宦官滥穿赐服现象。第三种情况是妇女，僭越不仅仅停留在朝堂上，明代中后期，民间妇女如仆妇乃至教坊女子所穿服饰都是白泽、麒麟、飞鱼、坐蟒。[40]

▲ 明末镇朔将军唐通像轴，图中唐通身穿蟒纹道袍，故宫博物院藏

身穿赐服的官员

身穿常服的武官

违例奏请蟒衣、飞鱼衣服者，科道纠劾，治以重罪。”[41] 但随着时间的推移，明朝中后期赐服僭越服用现象日益严重，如明孝宗时尽管曾下诏禁止私自织造蟒、龙、飞鱼、斗牛，但内官“骄恣已久，积习相沿，不能止也”[42]。武臣也没有好到哪里去：“国朝服色最滥者，内臣与武臣也。内官衣蟒腰玉者，禁中殆万人，而武臣万户以上即腰金，计亦不下万人。至于边帅缇骑，冒功邀赏，腰玉者又不知其几也。”[43] 甚至朝贡的国外使臣，因为贿赂了当权宦官，也可获得飞鱼服：“其时有日本使臣宋素卿者入贡，贿赂瑾黄金千金，亦得飞鱼。”[44]

常服

《明实录》及《明史》记载，明代无论文官还是武官，规定在常朝、视事时

身穿常服的武官

◀《出警入跸图》中身穿赐服和常服的官员

穿常服。洪武元年（1368）二月“诏复衣冠如唐制”，同时规定官员服饰“为乌纱帽、圆领袍、束带、黑靴”。[45] 同年十一月又规定：“常服用乌纱帽、金绣盘领衫。文官大袖阔一尺，武官弓袋窄袖，苎丝绫罗随用。”[46] 其中武官的弓袋窄袖是一种前窄后宽，形如弓袋的样式。洪武三年（1370）定常服束带材质：“一品玉，二品花犀，三品金钑花，四品素金，五品银钑花，六品、七品素银，八品、九品乌角。”[47] 洪武二十三年（1390）规定了常服的袖长，其中武官“去地五寸，袖长过手七寸”[48]。洪武二十四年（1391）规定了文武官员常服的胸背花样，武官为“一品、二品狮子，三品、四品虎豹，五品熊罴，六品、七品彪，八品犀牛，九品海马”[49]。

自洪武后期开始，文武官员常服逐渐向宽大、端整变化，其形象大量见于明人及后世绘画作品中，并被戏曲等民间艺术继承，一直延续至今。[50]

白泽补 　　麒麟补 　　虎补

狮子补 　　熊补 　　豹补

海马补 　　彪补 　　犀牛补

▲《三才图会》中的补子图版，槐荫草堂藏版

其他异形甲

《武备要略》及《筹海图编》各收录了一种皮甲，《武备志》收录有一种赤藤甲，这三类甲胄形制较为特殊。《武备要略》的皮甲形制最为奇特，仅保护穿戴者一侧的身体；《筹海图编》的皮甲可能对南方水军穿戴的皮甲而言比较有代表性。

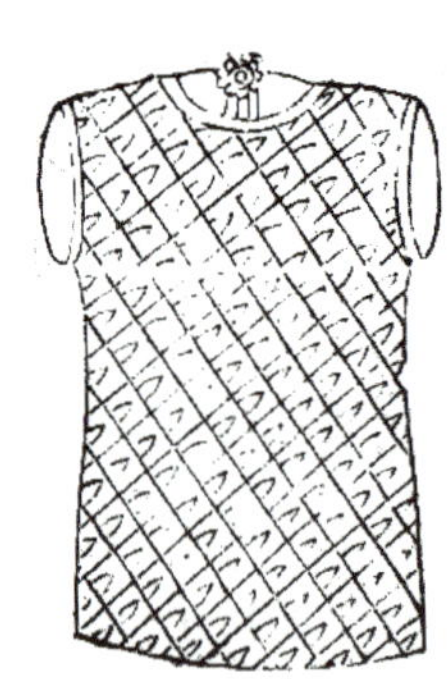

◀▼《武备志》中的赤藤甲图版，清初莲溪草堂本

全铁甲军士形象

▲《武备要略》中的全铁甲头盔正视推测图

◀ 身穿全铁甲军士形象推测图，该形象绘制参考了《武备要略》中收录的全铁甲图版

▲《武备要略》中的全铁甲铁面正视推测图

▲《武备要略》中的全铁甲护颈正视推测图

这名兵士头戴全铁盔和铁面，铁面下有护颈。铁盔上的纹样图版绘制的并不清晰，故推测图进行了一定程度的想象。同时，图版上的铁盔并不配备顿项，但考虑到实战中防护的可能性，这幅图也在后脑绘制了顿项，样式同布面甲内缀铁甲片的顿项相同。在上身和手臂，这名兵士佩戴了铁甲和铁手臂，下身穿戴战裙，脚上着靴。

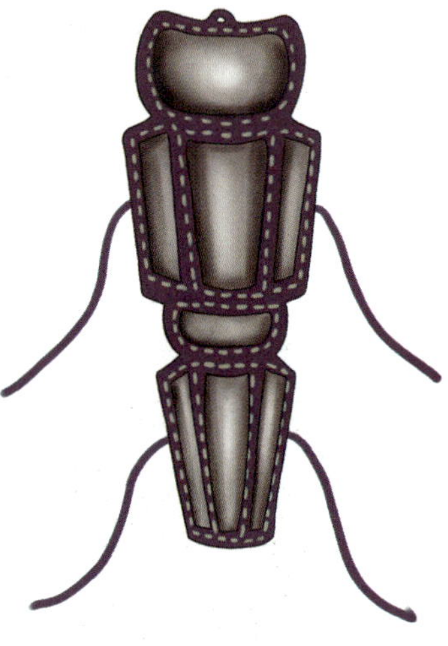

▲《武备要略》中的全铁甲臂手正视推测图

◀全铁甲战裙展开推测图

▶《武备要略》中的全铁甲展开推测图

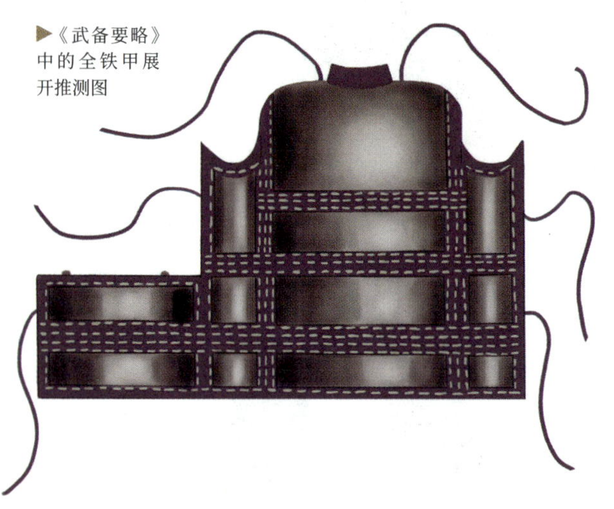

鳞甲仪卫形象

D2

▶ 身穿鳞甲仪卫形象推测图，该形象绘制整体参考了《出警入跸图》中的锦衣卫校尉形象

翎羽
凤翅盔
长柄屈刀
肩缨
长身鳞甲
窄袖云肩
通袖膝襕袍

▲《出警入跸图》中仪卫头盔正视、侧视、后视推测图

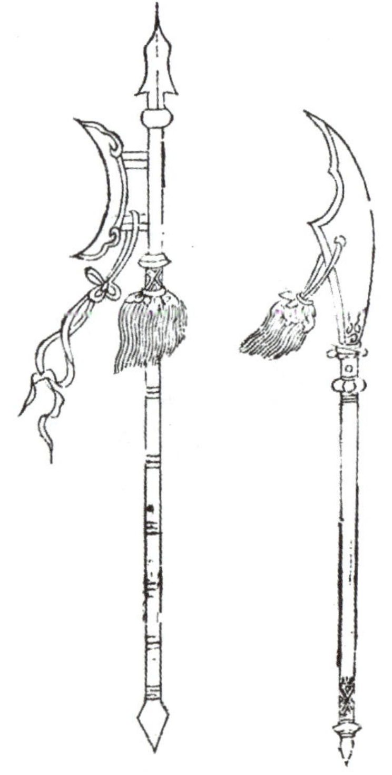

▲《武备志》中的屈刀图版，清初莲溪草堂本

这名锦衣卫头戴凤翅盔，盔顶有红缨，并插有翎羽和盔旗，凤翅盔下有顿项，顿项上缀鳞甲片。其身穿窄袖云肩通袖膝襕袍，其上罩长身鳞甲，前后及两侧开裾，用纽扣固定，肩部缀有肩缨，鳞甲底部有彩色排穗。他的两臂佩戴臂缚，手中握持长柄屈刀。据《武备志》记载，屈刀刀刃“前锐，后斜阔，长柄施镈”[51]。其腰部有两幅战裙，系结于腰前，其下有鞓带，悬挂弓袋、箭囊。

云肩纹

云肩纹在我国起源较早，金代已有记载，元代开始大量用于衣服、织物的装饰，并形成通袖襕、膝襕的基本组合样式。到了明代，云肩通袖襕纹样的使用已非常广泛，成为一种标志行的装饰形式，一直沿用到清朝。[52]

◀《出警入跸图》中仪卫鳞甲正视、后视推测图

▼《出警入跸图》中身穿鳞甲的锦衣卫

鳞甲将校形象

D3

◀ 身穿鳞甲将校形象推测图，该形象绘制参考了《平番得胜图》中身穿金色鳞甲的将校形象

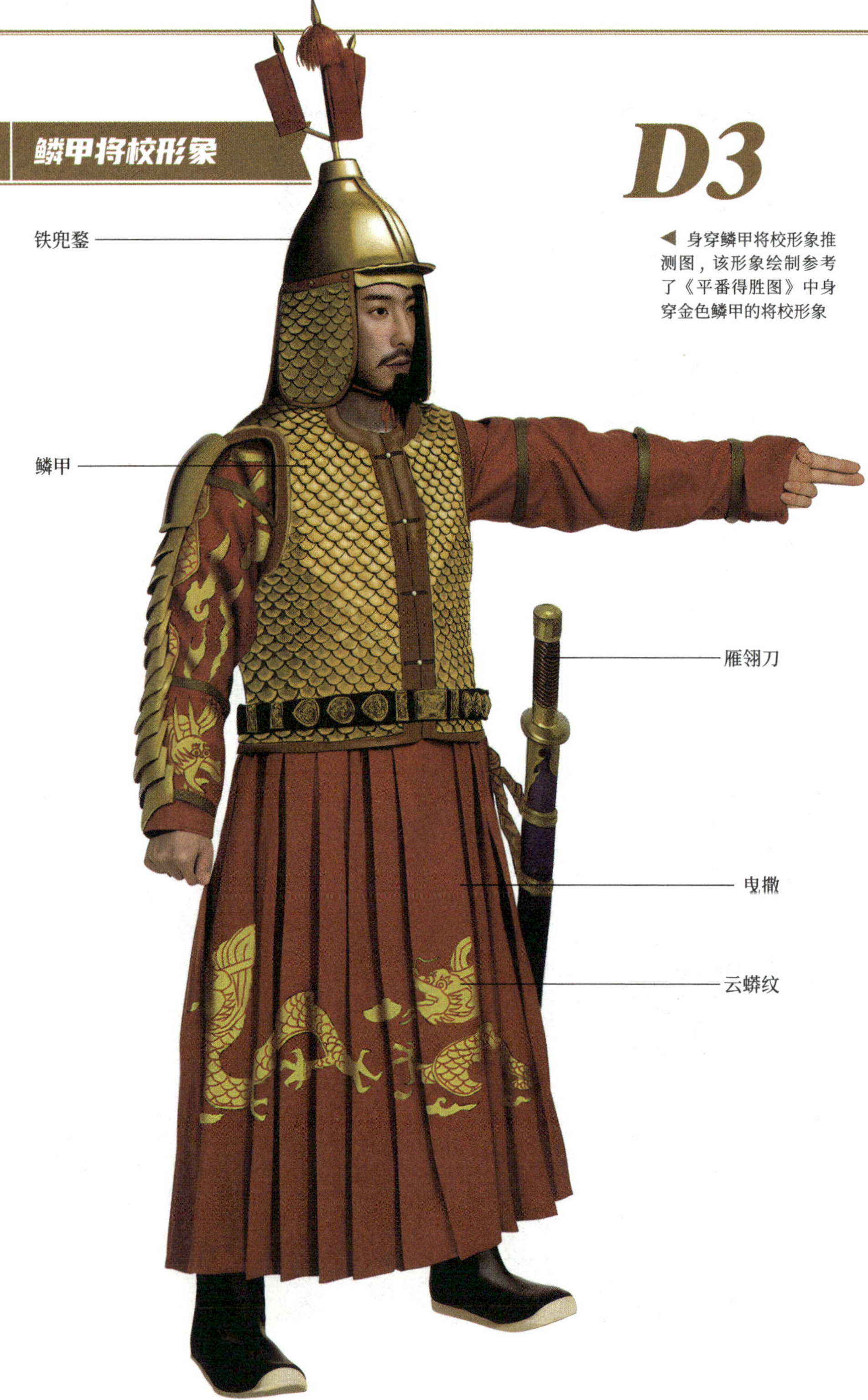

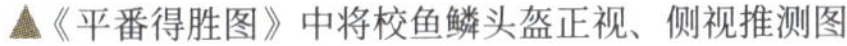
▲《平番得胜图》中将校鱼鳞头盔正视、侧视推测图

▲《平番得胜图》中鳞甲后视推测图

这名将校头戴铁兜鍪，兜鍪下有顿项，顿项上缀有鱼鳞形甲片，在兜鍪的最上方有盔旗和盔缨。与《平番得胜图》其他边军不同，这名将校的兜鍪里没有缀铁甲片。在身上，他穿了一件半身齐腰的鳞甲，两臂戴有臂缚，腰上佩戴鞓带，挂有一把雁翎刀，该刀参考内蒙古博物馆藏清初雁翎刀。鳞甲下，这名将校身穿一件曳撒，腰部以下做马面褶，装饰有云肩、通袖襕、膝襕、云蟒纹样。

曳撒

曳撒，也作一撒，明代男子常见的服饰，其可能起源自蒙古的“质孙衣”。曳撒形制和贴里很相近。[53] 据《万历野获编》记载：“又有所谓只孙者，军士所用，今圣旨中，时有制造只孙件数。亦起于元，时贵臣凡奉内召宴饮，必服此入禁中，以表隆重。今但充卫士常服，亦不知其沿胜国胡俗也。只孙，《元史》又作质逊，华言一色服也，天子亦服之，故云。”[54]

▲《平番得胜图》局部，中国国家博物馆藏

▲头戴凤翅盔、身穿鳞甲将校雪中狩猎场景推测图，原型参考自《出警入跸图》，笔者绘

内官形象

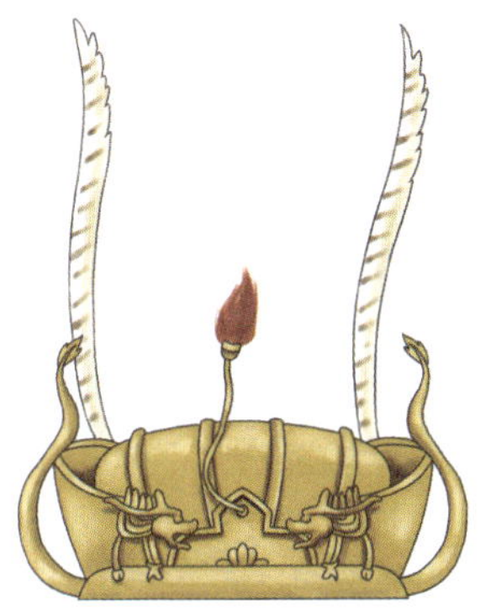

▲《出警入跸图》内使束发冠正视推测图，参考《大明衣冠图志》绘制

D4

这名内官头戴束发冠，用金累丝制作，束发冠左右有一对雉尾，下有一件额子。在身上，这名内官身穿一件鳞甲，中间以金色纽扣扣系，下有彩色排穗，左右两肩则各有一个红色绒球作装饰。在腰间，他系一条战裙，形制为两幅，裙腰下裙作带状。

◀身穿鳞甲仪卫形象推测图，该形象绘制整体参考了《出警入跸图》中的内官形象

束发冠

▲《出警入跸图》中鳞甲后视推测图

▲《三才图会》中的束发冠图版，槐荫草堂藏版

束发冠

束发冠约创始于五代，起初是固定在髻上的发罩，曾被称为“矮冠”或者“小冠”。到了宋代，束发冠可以单独佩戴，这一点也得到了宋代绘画的印证，这时的束发冠可以戴在巾帽之内。至明代，束发冠的地位变得特殊：按照制度，束发冠不属于礼数之内，所以除了道士和戏子，在公开场合佩戴束发冠的情况很少见。[55]

与现实较少使用不同，在明清话本小说中，束发冠却是一个出镜率很高的服饰，《三国演义》中的吕布就经常以头戴束发冠的形象示人：“两阵对圆，只见吕布顶束发金冠，披百花战袍，擐唐猊铠甲，系狮蛮宝带，纵马挺戟，随丁建阳出到阵前。”[56]“王匡将马列成阵势，勒马门旗下看时，见吕布出阵：头戴三叉束发金冠，体挂西川红锦百花袍，身披兽面吞头连环铠，腰系勒甲玲珑狮蛮带：弓箭随身，手持画戟，坐下嘶风赤兔马——果然是：“人中吕布，马中赤兔。”[57]

▲《出警入跸图》中身穿鳞甲、头戴束发冠的内官，台北故宫博物院藏

◀《三国志通俗演义》中的三英战吕布图版，明万历十九年书林周曰校刊本

丛兰鳞甲形象

D5

▶ 身穿鳞甲丛兰形象推测图，该形象绘制参考了《丰山恩荣次第图》其中一开《总督宣大》中丛兰的形象

尖顶明铁盔

小贴士

丛兰，字德华，太原人，明朝名臣，历仕成化、弘治、正德、嘉靖四朝，曾出任吏部、兵部尚书。

齐腰鱼鳞甲

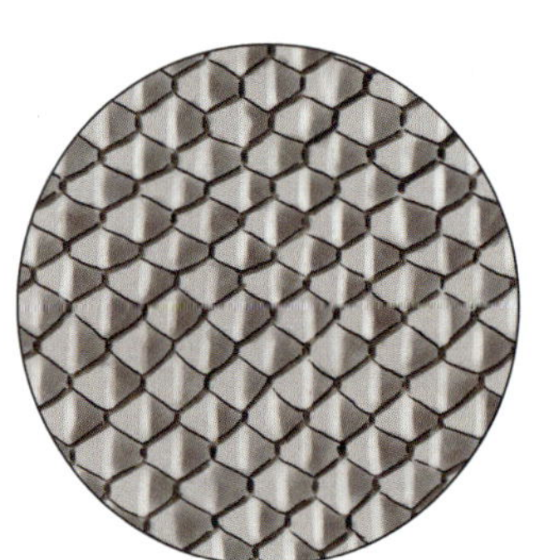

▲ 齐腰鱼鳞甲局部

该形象纹样的绘制参考了《大明衣冠图志》中的“将校齐腰甲”。

头盔

此形象中从兰头戴明铁盔，盔顶装饰有盔缨和盔旗，两侧有遮耳，脑后有顿项。其中遮耳和顿项在边缘都缀有毛皮。

关于从兰头盔遮耳的推测：从兰所佩戴的铁盔上可能只是一对小遮耳，这种小遮耳在《平番得胜图》中也屡有出现。但从实际使用的角度推测，这种铁盔的遮耳也可能就是卷起的顿项，早在唐代就出现过类似的卷起顿项的设计：即非战斗时可将顿项卷起，战时将顿项放下。此种推测同样适用于 A7 的旗牌官铁盔。

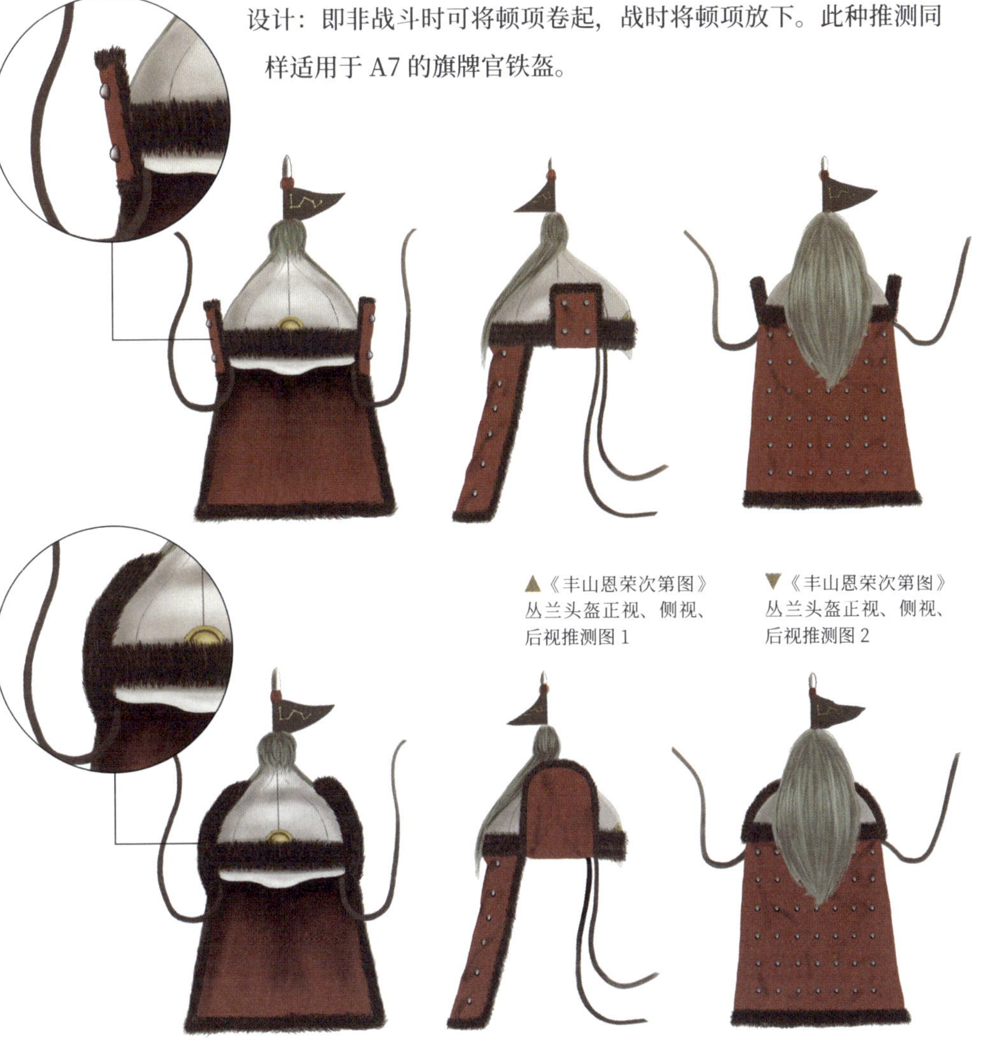

▲《丰山恩荣次第图》从兰头盔正视、侧视、后视推测图 1

▼《丰山恩荣次第图》从兰头盔正视、侧视、后视推测图 2

上身，丛兰穿齐腰鱼鳞甲，甲身袖口缀有毛边，底部装饰有彩色排穗。丛兰的鱼鳞甲和一般的鱼鳞甲有所不同，这种鱼鳞甲片呈锐角，并非一般鱼鳞甲的弧形甲片，且其甲片中间有楞。下身，丛兰穿有战裙两幅，同样在边缘缀有皮毛。鳞甲的下方，丛兰穿曳撒，曳撒上装饰有云肩、通袖襕、膝襕云蟒纹样。

▲《丰山恩荣次第图》中丛兰鳞甲推测后视图

▲《丰山恩荣次第图》《总督宣大》中的丛兰

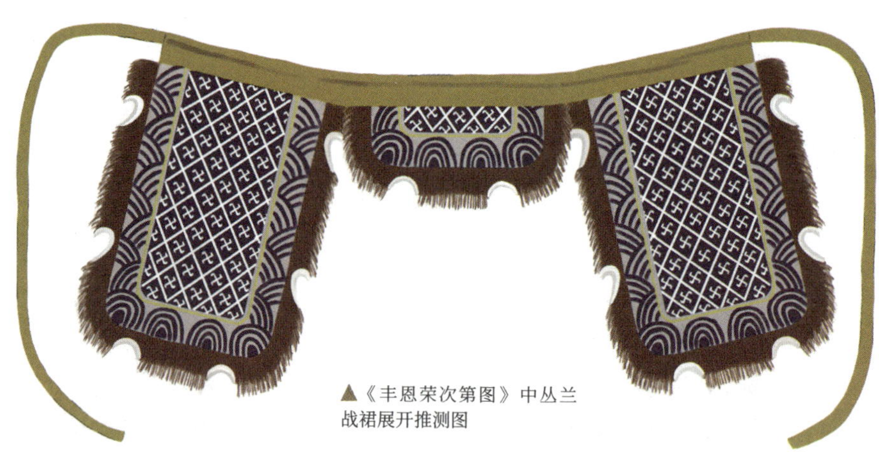

▲《丰恩荣次第图》中丛兰战裙展开推测图

万历皇帝鱼鳞甲形象

D6

▲蔚县真武庙真武大帝像，笔者摄

▲升龙纹

▶ 身穿鱼鳞甲万历皇帝形象推测图，该形象绘制参考了《出警入跸图》中身穿鱼鳞甲万历皇帝形象

该形象部分纹样参考《大明衣冠图志》“盔甲(一)”。

▲《出警入跸图》中万历皇帝抹金凤翅盔正视、侧视、后视推测图

此形象中万历皇帝头戴抹金凤翅盔，正中为真武大帝像，左右缀有吐火金龙。头盔上部有红缨、羽翎、盔旗，下部围有顿项，上缀鱼鳞甲片，边缘饰有金龙纹。

身上，万历皇帝穿有一件曳撒，上饰有五彩云龙纹。曳撒上罩一件鱼鳞甲，左右两侧各缀有一条升龙。鱼鳞甲以枣核型金扣及布扣襻扭系，衣襟、领和肩都有缘，饰有金龙纹，下缘缀有彩色排穗。[58] 肩部还有狮头兽吞，两臂有红绒绦穿就臂缚，腰上挂一条黄色鞓带，上挂弓袋、箭袋，脚上穿靴。

◀《出警入跸图》中万历皇帝鳞甲后视推测图

▲《出警入跸图》局部，乘船的万历皇帝，台北故宫博物院藏

▲《出警入跸图》局部，身穿鱼鳞甲的万历皇帝，台北故宫博物院藏

D7

▶ 飞鱼服，山东孔府藏

▼ 身穿飞鱼服锦衣卫形象推测图，该形象绘制主要参考了山东孔府藏飞鱼服

飞鱼服锦衣卫形象

这名锦衣卫头戴乌纱帽，造型高耸端重，以黑绉纱为表，漆藤丝或麻布为里，坚固轻巧。帽后插两翅，平直且宽，多为方形或椭圆形。[59]

他身上穿飞鱼服，飞鱼服形制不拘，图中为贴里形制，交领，领部缀白色护领。衣身彩织云肩、通袖襕、膝襕，装饰以蟒形飞鱼、寿山福海及五彩云纹。在腰部，他佩戴有革带，脚部则穿皮靴。

二品武官常服官员形象

▼身穿二品武官常服官员形象推测图，该形象绘制参考了《武官牵马图》中的武官形象

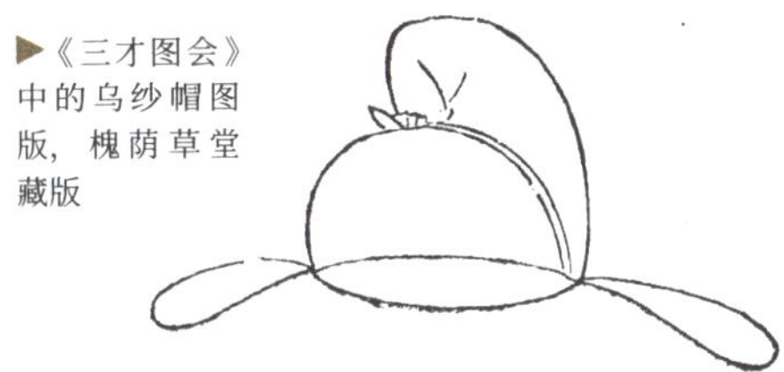

▶《三才图会》中的乌纱帽图版，槐荫草堂藏版

这名武官头戴乌纱帽，身穿圆领袍，圆领袍上用二品狮子纹样。

乌纱帽

明代乌纱帽同唐代幞头有紧密的关联，不少国内学者认为明代乌纱帽是幞头最后也是最成熟的一个变体。明初的乌纱帽就是效仿唐代幞头，以铁线为展脚，弯曲向下，下垂的部分逐渐变宽，但基本保持着向下弯的形态。[60] 乌纱帽的主体则由前低后高的两部分组成，前面低的部分被称为前屋，后面高的部分被称为后山。前屋与后山的接合处有横向条带装饰，后山正中有竖向条带装饰。在材质上，根据目前出土的明代文物，乌纱帽内部有起支撑作用的竹篾网帽胎。从内到外依次是大孔六边形编织竹篾、小孔方形编织竹篾、绞经织物以及平纹绉纱。其中两层竹篾通过涂抹黑漆粘合。[61]

▲《武官牵马图》，土耳其托普卡帕宫博物馆藏

纸甲、藤兜鍪军士形象

D9

这名兵士头戴藤兜鍪，根据《武备志》记载，藤兜鍪由细藤制作而成，为了佩戴的舒适性，又在里面衬了一件软帽，藤兜鍪上同时缀有红缨。[62] 在身上他穿了一件纸甲，腰部束束带，领部围帕项，手臂上包有纸臂手。

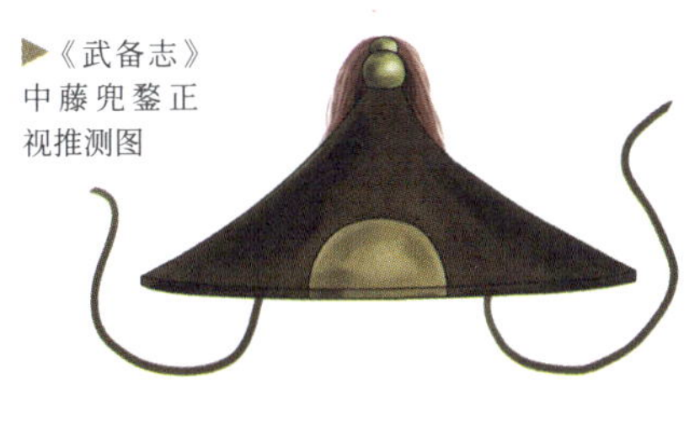

▶《武备志》中藤兜鍪正视推测图

◀《武备志》中的藤兜鍪图版，清初莲溪草堂本

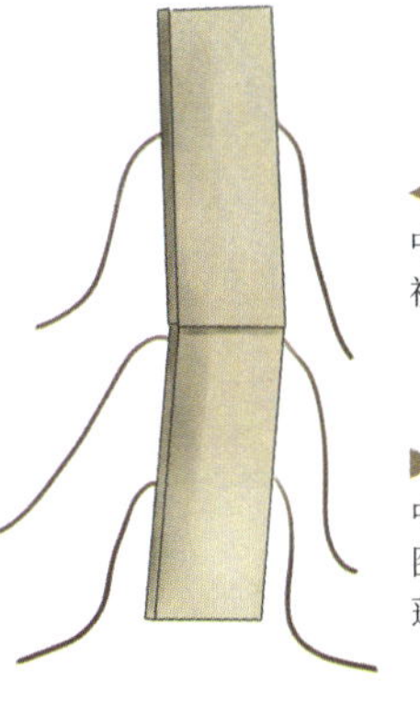

◀《武备志》中纸臂手正视推测图

▶《武备志》中的纸臂手图版，清初莲溪草堂本

▲身穿纸甲、藤兜鍪军士形象推测图，该形象绘制参考了《武备志》纸甲、纸臂手及藤兜鍪图版

D10

▼ 身穿皮甲兵士形象推测图，该形象绘制参考了《武备要略》皮甲图版

皮甲兜鍪

皮甲

▲《武备要略》中皮甲头盔正视推测图

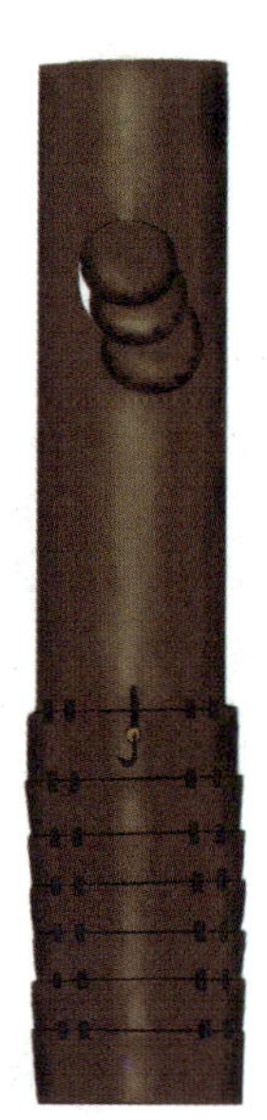

▲《武备要略》中皮甲侧视推测图

这副皮甲形制较为特别，其基本只能保护身体的一侧，即有适合穿戴右半边身体的，也有适合穿戴左半边身体的。这种设计可能是因为兵士持枪攻击时处于侧身位，因而只需要保护半边身体。

这副皮甲的脖颈处有一块凸起的挡护，用来保护头部和脖颈。腰部以下由多块皮甲用绳索串联而成，并且设有挂钩，当骑马或登山、涉河等行动不便时，可以提起用挂钩挂住。肩部同样有三块圆弧形皮甲串联，可以保护肩部和上臂。在皮甲的下面，这名兵士还穿了布面甲，以进一步加强防御。

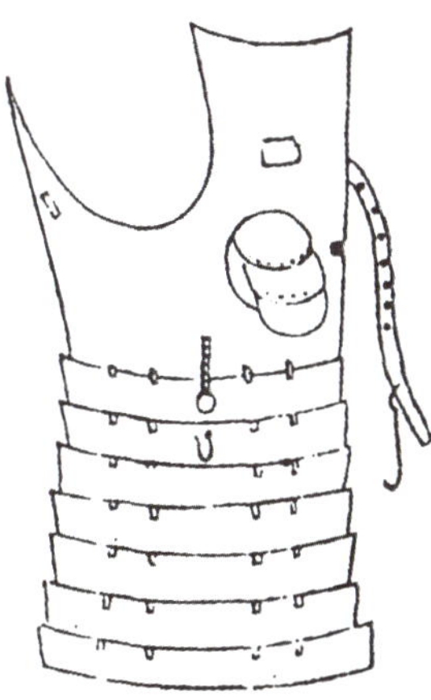

《武备要略》中的皮甲图版，明崇祯刻本

《天书记》中头戴类似头盔的兵士，明万历时期环翠堂乐府初行本

粤兵盔甲兵士形象

D11

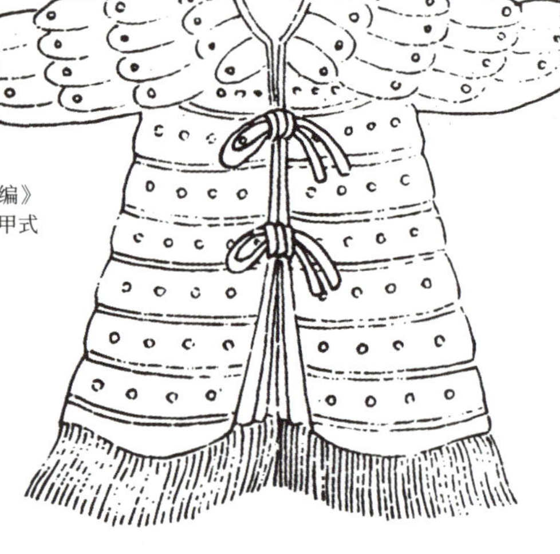

▶《筹海图编》中的粤兵盔甲式图版

▲《筹海图编》中粤兵盔甲头盔正视推测图

▲《筹海图编》中粤兵盔甲头盔侧视推测图

▲《筹海图编》中粤兵盔甲正视推测图

◀《筹海图编》中的粤兵盔甲式图版

这名兵士头戴铁盔，盔上侧面和顿项上都缀有甲片，顿项还有毛皮缘边，盔顶有盔缨。在身上，这名兵士穿了一件皮甲。据《筹海图编》记载，这副皮甲由“坚生牛皮”油灌而制成，其上钉有泡钉，肩部部分则是由小牛角片制成，这种牛角片延展性比较好，便于手臂伸展。这样的一副甲全价大约只需要二、三金。[63]

▶ 身穿粤兵盔甲兵士形象推测图，该形象绘制参考了《筹海图编》粤兵盔甲式图版

半札甲半布面甲兵士形象

D12

◀《吴兑事迹图》局部，诺顿西蒙博物馆藏，但佳莉根据照片临摹

▲《山阴州山吴氏支谱》图版

◀身穿半札甲半布面甲兵士形象推测图，该形象绘制参考了《吴兑事迹图》中骑马兵士的形象

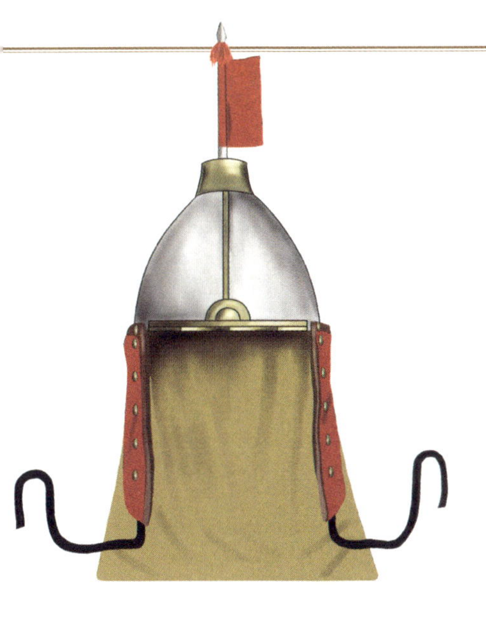

◀《吴兑事迹图》中身穿半札甲半布面甲兵士头盔正视、侧视推测图

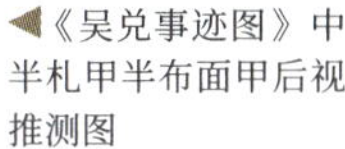

◀《吴兑事迹图》中半札甲半布面甲后视推测图

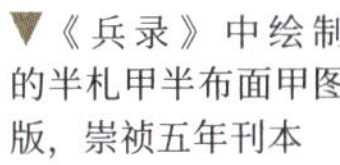

▼《兵录》中绘制的半札甲半布面甲图版，崇祯五年刊本

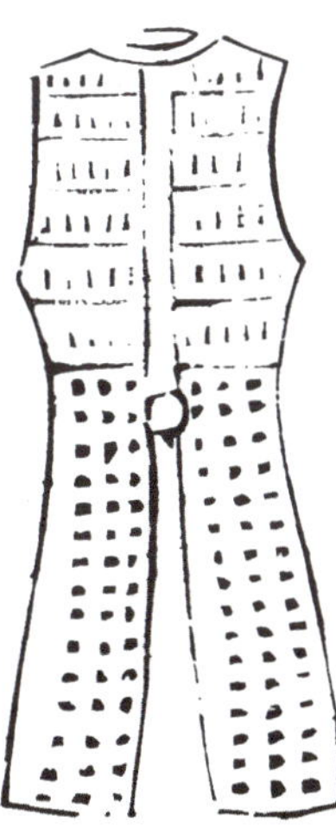

这名兵士头戴铁盔，并无特殊之处，但其身穿的这副甲衣比较特别，从《吴兑事迹图》绘制的内容看，这些骑马的兵士应当身穿了一种札甲与布面甲的混合型甲衣，也可以理解为明甲和暗甲混合的甲衣：甲衣的上半部分是比较典型的札甲，而下半身，大约从胸口往下则是典型的布面甲。这两种不同类型的甲衣可能是通过拼接的方式组合在一起的。除了《吴兑事迹图》，类似的这种混合甲还出现在《山阴州山吴氏支谱》以及《兵录》中的图版。

▲《出警入跸图》局部，台北故宫博物院藏

注释

1. 程子颐:《武备要略》，明崇祯刻本，卷九。
2. 郑大郁:《经国雄略》，商务印书馆，2019 年，766 页。
3. 程子颐:《武备要略》，明崇祯刻本，卷九。
4. 邢鹏:《明代衡度单位初探——“一两”有多重》,《首都博物馆论丛》第 27 辑，北京燕山出版社，322 页。
5. 唐顺之:《武编前集》，四库全书本，卷六,七十页、七十一页。
6. 程子颐:《武备要略》，明崇祯刻本，卷九。
7. 申时行，等:《明会典》，中华书局，972 页。
8. 程子颐:《武备要略》，明崇祯刻本，卷九。
9. 同上。
10. 同上。
11. 罗杰·克劳利:《征服者：葡萄牙帝国的崛起》，社会科学文献出版社，2016 年，100 页。
12. 姜日昇:《台湾外记》，福建人民出版社，1983 年，140 页。
13. 计六奇:《明季南略》，中华书局，1984 年，488 页。
14. 揆一:《被忽视的福摩萨》,《郑成功收复台湾史料选编》, 福建人民出版社, 1981 年, 150 页。
15. 申时行，等:《明会典》，中华书局，1988 年，972 页。
16. 陈立群:《福建东山岛古沉船遗物研究》,《闽台文化交流》，2007 年第 3 期，32 页。
17. 郭勋:《英烈传》，中华书局，1996 年，33 页。
18. 无名氏:《说唐》，中华书局，1996 年，103 页。
19. 程子颐:《武备要略》卷九,十页。
20. 刘效祖:《四镇三关志校注》，彭勇、崔继来校注，中州古籍出版社，2018 年，106 页。
21. 程子颐:《武备要略》，明崇祯刻本，卷九,十二页。
22. 姚镆:《五边典则》,《明代蒙古汉籍史料汇编（第五辑）》，内蒙古大学出版社，2009 年，522 页。
23. 祁美琴、强光美:《满文＜满洲实录＞译编》，中国人民大学出版社，2015 年，221 页。
24. 赵千菁、贾琦:《中国古代纸甲构成分析及其造物思想研究》,《服饰导刊》，2020 年第 4 期，7 页。
25. 顾秉谦、丁绍轼、黄立极，等:《明神宗实录》，台湾“中央研究院”历史语言研究所校印，1962 年，1344 页。
26. 孙继宗，等:《明英宗实录》，台湾“中央研究院”历史语言研究所校印，1962 年，4138 页。

27. 撷芳主人:《大明衣冠图志》，清华出版社，2016 年，112 页。

28. 张廷玉:《明史》，中华书局，1974 年，1647 页。

29. 沈德符:《万历野获编》，中华书局，1959 年，20 页。

30. 撷芳主人:《大明衣冠图志》，清华出版社，2016 年，160 页。

31. 张廷玉:《明史》，中华书局，1974 年，1640 页。

32. 薛煜东，郭婉情:《明代赐服服饰元素分析及应用》，山东纺织科技，2020 年第 2 期，24 页。

33. 撷芳主人:《大明衣冠图志》，清华出版社，2016 年，162 页。

34. 薛煜东，郭婉情:《明代赐服服饰元素分析及应用》，山东纺织科技，2020 年第 2 期，24 页。

35. 张廷玉:《明史》，中华书局，1974 年，1635、1636 页。

36. 沈德符:《万历野获编》，中华书局，1959 年，69 页。

37. 张廷玉:《明史》，中华书局，1974 年，1638 页。

38. 同上，1647 页。

39. 沈德符:《万历野获编》，中华书局，1959 年，147 页。

40. 同上，148 页。

41. 张廷玉:《明史》，中华书局，1974 年，1638 页。

42. 同上，1647 页。

43. 谢肇淛:《五杂俎》，上海书店出版社，2009 年，251 页。

44. 沈德符:《万历野获编》，中华书局，1959 年，823 页。

45. 解缙，等:《明太祖实录》，台湾“中央研究院”历史语言研究所校印，1962 年，525 页。

46. 同上，691 页。

47. 张廷玉:《明史》，中华书局，1974 年，1637 页。

48. 同上，1638 页。

49. 同上。

50. 撷芳主人:《大明衣冠图志》，清华出版社，2016 年，146 页。

51. 茅元仪:《武备志》，清初莲溪草堂本，卷一百三,二十一页。

52. 撷芳主人:《大明衣冠图志》，清华出版社，2016 年，26 页。

53. 同上，32 页。

54. 沈德符:《万历野获编》，中华书局，1959 年，366 页。

55. 孙机:《明代的束发冠、鬏髻与头面》,《文物》，2001 年第 7 期，62、63 页。

56. 罗贯中:《三国演义》，黄山书社，2007 年，20 页。

57. 同上，37 页。

58. 撷芳主人:《大明衣冠图志》，清华出版社，2016年，42页。

59. 同上，146页。

60. 同上，142页。

61. 牛犁、张倩倩:《明代乌纱帽考析》,《艺术设计研究》，2021年第3期，47页。

62. 茅元仪:《武备志》，清初莲溪草堂本，卷一百五，器械四,八页。

63. 郑若曾、邵芳:《筹海图编》，四库全书本，卷十三,二十九页。

总结

作为中国历史上较为特殊的一个朝代，明代处在元代和清代之间：后两者都是由北方少数民族建立的王朝，而明代则是最后一个由汉人主导建立的封建王朝。这么一看，似乎明代和元、清文化截然不同，但事实并非如此。尽管明代在立国之初，明太祖曾下诏“复衣冠如唐制”，“胡服、胡语、胡姓，一切禁止”，但依然改变不了元代服饰对明代服饰的深远影响，而这种服饰的影响自然也包括对军戎服饰的影响；而明代的军戎服饰又对清代产生了同样深远的影响。

有明一代，明代军戎服饰大体可分为前期和后期两个时代。前期，明初基本继承了宋代的军戎服饰形制，无论实战还是仪卫军戎服饰，明初和宋代基本相同，这一时期明代还在比较广泛地使用各类札甲。明初的札甲不仅承袭宋代，同时又受元代的影响，依然采用前开对襟或后背对缝的方式，披膊则分为不相连的左右两片，在身甲披挂完之后，用布带、帛带等在胸前交叉固定。[①] 此时的兜鍪，即头盔，也颇受宋、元两朝影响。受宋代影响的主要是凤翅盔，而受元代影响的主要是笠形盔和钵胄。其中前者在清代消失，而后者则被继承。

▲《免胄图》局部，北宋 李公麟绘，台北故宫博物院藏

后期，随着火器的不断发

① 指文烽火工作室：《中国古代实战兵器图鉴》，中国长安出版社，2015 年，212 页。

▲ 波斯细密画——蒙古军队，出自十四世纪在伊尔汗国任宰相的波斯人拉施特奉哈桑汗之命主持编纂的巨著《史集》

展和其在战场上发挥着越来越重要的作用，布面甲和锁子甲在明代军戎服饰中占据着愈发重要的角色，同时札甲也发生了变化，而布面甲和锁子甲也是明代深受元代影响的例证。明代布面甲外罩缝制的棉布、内置铁甲片，往往前开襟，或是上穿齐腰布面甲，下身围战裙；腋下、腹部则分别用纽襻挂有护腋、护裆，有时前胸后背还挂有护心镜，这一形制也基本为清代布面甲所沿用。除了布面甲，还有为数众多的穿着普通号衣、袄衣作战的基层士兵。

元以前，锁子甲一直没有在中国得到普及。随着蒙古骑兵横扫欧亚，元军得以通过各种途径获得大量锁子甲，锁子甲开始在中国普及。受元代影响，并且由于掌握了四孔拉丝机的技术，明军中也比较大规模地列装了锁子甲。同布面甲一样，锁子甲也被清代所继承。

明代后期的札甲不仅地位出现了明显的下滑，形制也出现了一些变化。根据明代中后期的绘画，明代后期的札甲基本上不再使用披膊、袍肚等，取而代之的是手臂上使用的臂缚。另一方面，明代后期札甲的甲片在一定程度上呈现出“宽大化”的现象，

▲ 乾隆皇帝布面甲搭配的头盔，从破裂的布面部位可以看到内部的甲片

譬如定陵出土的札甲，以及郑成功“铁人军”穿戴的札甲。

除了以上常见军戎服饰，明代还有诸如鳞甲、纸甲、全铁甲等异形甲胄，以及武官所穿常服。其中武官常服在明代前、后期又有不同。洪武二十三年（1390）规定衣长去地五寸，袖长过手七寸，袖桩宽一尺，袖口较窄，仅能出拳。次年又规定了武官所用胸背花样：一品、二品用狮子，三品、四品虎豹，五品熊罴，六品、七品彪，八品、九品犀牛、海马。明代后期，武官常服同文官常服一样，逐渐变得宽大，洪武朝时的武官袖宽、衣长已不再

▲ 清代仪仗布面甲，大都会艺术博物馆藏

▲ 成吉思汗的将军们

遵循，并且经常出现僭越一品、二品狮子补而不用低品级补子的现象。[①]

总的来说，明代军戎服饰既继承了传统汉族军戎服饰的特点，又吸收了北方游牧民族的军戎服饰元素，无论种类、做工都处于中国传统军戎服饰的鼎盛时期，也标志着中国传统军戎服饰进入了一个完全的成熟期。此后明清易代，清代的军戎服饰基本没有什么大的变化，直至二十世纪初新军制服改革的开始，传统军戎服饰逐渐谢幕。

① 撷芳主人:《大明衣冠图志》，北京大学出版社，2016 年，144 页、150 页。